운명의 풍경

명화로 읽는 60가지 기질 이야기

운명의 풍경

초판 1쇄 인쇄일 2025년 11월 2일
초판 1쇄 발행일 2025년 11월 12일

지은이 조경숙
펴낸이 양옥매
디자인 송다희 표지혜
마케팅 송용호

펴낸곳 도서출판 책과나무
출판등록 제2012-000376
주소 서울특별시 마포구 방울내로 79 이노빌딩 302호
대표전화 02.372.1537 **팩스** 02.372.1538
이메일 booknamu2007@naver.com
홈페이지 www.booknamu.com
ISBN 979-11-6752-701-1 (03180)

* 저작권법에 의해 보호를 받는 저작물이므로 저자와 출판사의 동의 없이
  내용의 일부를 인용하거나 발췌하는 것을 금합니다.
* 파손된 책은 구입처에서 교환해 드립니다.

운명의 풍경

명화로 읽는 60가지 기질 이야기

조경숙 지음

당신의 타고난 기운과 소통 방식 그리고 꽃을 피우는 타이밍까지
일주와 명화를 통해 알아보는 당신의 운명

추천의 글

운명은 굴레가 아닌 악보다
— 명리와 예술을 잇는 새로운 언어

강헌 음악평론가이자 명리학자, 《명리, 운명을 읽다》의 저자

  사람들은 내 앞에 앉아 늘 비슷한 질문을 던진다. "제 운명이 나쁜 겁니까?" 그럴 때마다 나는 조용히, 그러나 분명하게 답한다. "나쁜 운명은 없다."고. 세상에 존재하는 것은 다만 쓰이지 못한 가능성뿐이다.

  『운명의 풍경 – 명화로 읽는 60가지 기질 이야기』는 그 가능성을 그림이라는 언어로 다시 불러낸다. 고갱의 절망, 모네의 침묵, 밀레의 겸손, 김홍도의 기개 속에서 기질들은 각자의 목소리로 되살아난다. 그것은 단순한 풀이가 아니라, 우리가 삶을 어떻게 바라보고, 어떻게 견디며, 어떻게 다시 운용할 것인가를 묻는 일이다.

  나는 명리를 오래 지켜보며 깨달았다. 그것은 단순한 길흉의 언어가 아니라 인간을 이해하는 사유의 틀이며, 시대를 건너는 통찰의 도구다. 공동체의 삶을 밝히는 등불일 때 비로소 학문이라 부를 자격

이 있다. 그런 의미에서 이 책은 흔한 해설집이 아니다. 명리와 예술을 잇고, 존재를 설명하는 또 하나의 언어를 제시한다. 삶을 읽는 데서 멈추지 않고, 그것을 운용하는 길까지 감각적으로 보여 준다.

오늘 우리가 이 책을 펼쳐야 하는 까닭은 분명하다. 각자의 기질을 발견하고, 그것을 자기 삶의 언어로 번역해 낼 수 있기 때문이다. 그 순간, 운명은 굴레가 아니라 악보가 되고, 우리는 그 음을 스스로 연주하는 존재가 된다. 이 책이 건네는 목소리는 그 연주를 시작하게 만드는 단단한 울림이다. 그래서 나는 이 책에 기꺼이 신뢰와 응원의 마음을 보낸다.

추천의 글

명화와 명리가 빚어낸 삶의 전시
- 그림 속에서 만나는 인간의 기질

박종규 현대미술가, 제3회 '하인두예술상' 수상자

한 점의 그림은 색과 선의 집합을 넘어, 시대와 인간의 내면이 새겨진 또 하나의 풍경이다. 나는 늘 그 풍경 속에서 신호와 노이즈를 읽어 내려 애써 왔다. 그런데 이 책은 명화를 통해 인간의 기질과 삶의 언어를 풀어낸다. 회화가 심리학과 철학을 품듯, 여기서는 명리학이 예술과 손을 잡는다.

『운명의 풍경 - 명화로 읽는 60가지 기질 이야기』는 단편적인 해석서로 머물지 않는다. 이 책은 인간의 운명을 일상의 언어로 번역하면서도, 그 번역을 그림의 감각으로 다시 일깨운다. 고흐, 세잔, 김홍도, 신윤복의 화폭 속에서 각기 다른 일주가 말을 건네는 순간, 독자는 '나'라는 존재를 낯설게 바라보면서도 동시에 친밀하게 느끼게 될 것이다.

예술가로서 나는 늘 묻는다. "우리는 어디에서 왔는가, 어디로 가

는가." 이 질문은 곧 인간이 스스로에게 던지는 운명의 물음이기도 하다. 조경숙 박사는 명리학의 체계를 예술의 언어와 결합하여, 그 물음을 색과 빛으로 가시화했다. 덕분에 독자는 복잡한 학문의 문턱을 넘지 않고도, 하나의 그림 앞에 서듯 자기 존재와 마주할 수 있다.

예술이 인간의 감정을 확장시키듯, 이 책은 삶을 이해하는 시야를 넓힌다. 나아가 그림을 보는 눈과 사람을 보는 마음을 동시에 길러 준다. 독자로 하여금 "이건 내 이야기인데?"라는 울림을 느끼게 만드는 순간, 이 책은 단순한 저술을 넘어 한 권의 전시가 된다.

나는 이 책이 많은 이들의 삶 속에서 빛과 울림의 풍경이 되기를 바란다. 명화와 명리, 두 세계를 잇는 이 기록이 좀 더 지평을 넓혀 다양한 문화와 통섭의 기회가 되어 결국 우리 모두가 품고 있는 '운명의 자화상'을 비추는 거울이 되기를 희망하고 싶다.

추천의 글

예술과 명리, 마음을 잇는 다리
– 삶의 우여곡절을 다채롭게 바라보는 시선

이광민 정신건강의학과 전문의, 《할 일은 많지만 아직도 누워 있는 당신에게》의 저자

사주를 믿는가? 누군가 물어본다면 나는 아니라고 대답할 것이다. 그렇지만 명리학을 어떻게 생각하느냐? 이렇게 묻는다면 나는 그 역시 사람의 마음을 돌보는 또 다른 학문이라고 대답할 것이다.

우리는 누구나 나 자신을 알고 싶어 한다. 나의 과거, 현재를 바탕으로 나의 미래의 삶이 보다 나아지기를 희망한다. 정신의학이 그런 인간의 내면을 의학적 지식으로 분석했다면, 명리학은 그런 인간의 희망을 오랜 시간의 경험으로 풀어내는 것이리라.

『운명의 풍경 – 명화로 읽는 60가지 기질 이야기』는 예술과 운명을 잇는 다리다. 명리학과 회화가 만나는 자리에서 독자는 삶의 수레바퀴가 어떻게 겹치고 흘러가는지를 자연스럽게 바라보게 된다. 동시에 우리 자신의 마음을 보다 다정하게 들여다보게 된다.

우리가 삶을 살아가는 이유는 그 결과에 있지 않다. 오히려 삶을 살아가는 동안 겪어 내는 우여곡절에 있다고 생각한다. 그 상황이 때론 괴롭더라도 그 과정이 있기에 삶은 더 풍성해진다. 이 책을 통해 예술이 그러한 것처럼 명리학이 우리 삶을 얼마나 다채롭게 담아내는지를 경험하길 바란다.

들어가는 말

인간은 모두
하나의 자화상이다

왜 일주와 명화를 연결하는가

우리는 누구나 한 점의 초상화를 품고 태어난다. 이름과 얼굴, 말투와 걸음걸이만큼이나, 우리 안에는 고유한 기질과 정서의 빛깔이 있다. 누군가는 말이 많고, 누군가는 고요하다. 어떤 이는 불처럼 타오르고, 또 어떤 이는 물처럼 흐른다.

사주명리학에서 말하는 일주(日柱: 태어난 날의 천간과 지지의 조합)란, 바로 그 사람의 기질적 중심축, 즉 가장 인간다운 모습의 근거가 되는 시간의 초상이다. 태어난 날의 천간과 지지로 이루어진 이 하나의 기둥은, 그 사람이 세상을 어떻게 바라보고, 사랑하고, 갈등하고, 표현하고, 성장하는지를 암시한다.

그러나 일주라는 용어는 초심자에게는 어렵고 낯설게 들릴 수 있다. 그래서 우리는 '명화'라는 거울을 통해 들여다보려 한다. 명화는 수백 년을 지나오며 여전히 사람들의 마음을 울리고, 눈길을 붙잡고, 기억 속에 남는다. 왜 그럴까? 그림 속의 인물이나 풍경이 단지 아름다워서만은 아니다. 그 안에는 말로 표현하기 어려운 어떤 감정, 인간의 내면, 시대의 고통과 희망 같은 것이 녹아 있기 때문이다. 결국 명화는 인간의 감정을 색과 선으로 그려 낸 또 하나의 자화상이다.

우리는 일주를 통해 사람을 이해하고자 한다. 그리고 명화를 통해 그 사람의 기질을 느끼고자 한다. 이 두 세계를 연결하면, 복잡한 명리학이 감각적으로 다가오고, 그림의 언어가 심리의 해석으로 확장된다.

예컨대, 경자일주는 냉철하고 이성적이지만 내면에는 고요한 슬픔이 있다. 카스파르 다비드 프리드리히의 《안개 바다 위의 방랑자》처럼 흐릿하고 회색빛으로 덮인 세계 위에 서 있는 인물은 자신이 지금 어디쯤 와 있는지, 어디로 가야 할지를 묻고 있다. 그 차가운 색조 속에 담긴 고독과 품위는 경자일주의 기질을 직관적으로 보여 준다.

반면, 병오일주는 열정적이고 창조적인 기질을 지녔는데, 이를 에드바르트 뭉크의 《태양》처럼 불타는 붉은색과 눈부신 황금빛으로 표현하면 삶에 대한 정열이 생생하게 드러난다. 흐릿한 회색의 세계와 눈부신 태양의 색채는 각각 경자일주와 병오일주의 심리를 극명하게 대비시킨다.

인간을 보는 시선에 여백을 만들다

이 책은 그래서 독자에게 두 개의 열쇠를 건넨다. 하나는 사주명리의 언어로서, 자신을 이해할 수 있는 개념을 제공한다. 다른 하나는 미술의 언어로서, 그 개념을 감각적으로 체험할 수 있게 해 준다. 이 두 언어는 다르지만, 결국 같은 문을 향하고 있다. 그 문 너머에는 '내가 누구인지', '나는 어떤 기질을 타고났고, 어떤 방식으로 세상을 살아가는지'에 대한 깊은 통찰이 기다리고 있다.

　사람은 자신을 알 때 비로소 타인을 이해할 수 있고, 관계에 따뜻한 지혜가 깃든다. 누군가의 말투나 반응이 서운할 때, 그것을 단지 성격이라고만 치부하지 않고 '저 사람은 소유욕이 강한 정재라는 기운이 있어서 말할 수도 있겠구나', '이 일주는 혼자 있는 걸 통해 회복되는 기질이니까 내가 너무 밀어붙였구나' 하고 이해하게 되면, 인간관계의 온도는 달라진다. 이 책은 그렇게 인간을 보는 시선에 여백을 만들고자 한다.

　그림을 보면 우리는 설명하지 않아도 어떤 기분이 든다. 그리고 명리를 공부하면, 우리는 말로 하지 않아도 어떤 사람의 기질을 느끼게 된다. 이 두 감각이 만나는 곳에서, 우리는 인간이라는 존재의 풍경을 더 깊고 넓게 바라볼 수 있다. 각 일주는 하나의 생애이고, 하나의 시선이며, 하나의 미술 작품처럼 고유하다. 그러므로 우리는 말한다. 인간은 모두 하나의 자화상이며, 그 자화상은 곧 운명의 빛과 어둠을 품은 명화이다.

그림이 말을 걸고, 일주가 답을 시작한다

　이 책은 사주명리를 공부하지 않았더라도, 그림을 좋아하는 사람이라면 누구든 즐길 수 있도록 구성되었다. 반대로, 명리학을 공부하다가 머리로만 이해하는 데 한계를 느꼈던 이들에게는 그림이라는 감각적 통로를 통해 더 깊은 내면으로 들어가는 길이 될 것이다. 각각의 일주가 어떤 기질을 품고 있는지, 그것이 어떤 명화와 연결되는지를 따라가다 보면, 어느 순간 '이건 내 이야기인데?'라는 느낌을 받을 것이다. 바로 그 순간이, 이 책이 독자에게 바라는 진짜 첫 문이다.

　사람을 아는 일은 어렵다. 그러나 동시에 사람만큼 흥미로운 존재도 없다. 우리는 저마다 다르면서도, 결국 깊은 곳에서는 비슷한 외로움과 기쁨, 두려움과 희망을 품고 살아간다. 이 책은 그런 보통의 인간을 위한 책이다. 그리고 그 보통의 인간을, 마치 고흐가 《해바라기》를 그리듯, 정성스럽게 바라보고 그려 보고자 한 기록이다.

　자, 이제 각자의 초상화를 들여다볼 시간이다. 그림은 말을 걸어오고, 일주는 대답을 시작한다. 그리고 그 둘 사이에서, 당신이라는 자화상이 서서히 모습을 드러낼 것이다.

차례

추천의 글 명화와 명리, 운명을 비추는 또 하나의 풍경 ⋯ 4
들어가는 말 인간은 모두 하나의 자화상이다 ⋯ 10

PART 1

갑(甲)

씨앗에서 하늘까지, 생명을 세우는 기둥

1 ○ 갑자일주: 존재의 질문을 품은 싹 … 24

2 ○ 갑술일주: 쓸쓸한 풍요, 성찰의 계절 … 30

3 ○ 갑신일주: 바위를 뚫고 피어나는 의지의 생명 … 34

4 ○ 갑오일주: 무대 위의 푸른 줄기, 고요한 열정의 리허설 … 38

5 ○ 갑진일주: 창조의 손끝, 시간을 조율하는 존재 … 42

6 ○ 갑인일주: 낯선 숲속의 싹, 기억과 자유를 품은 생명 … 46

PART 2

을(乙)

부드럽지만 꺾이지 않는 줄기, 작지만 강한 생명

7 ○ 을축일주: 얼어붙은 대지 위의 부드러운 잎새 … 54

8 ○ 을해일주: 고요한 강물의 집념, 바람의 결을 타는 나무 … 58

9 ○ 을유일주: 선명한 선율 위의 질서, 자유를 연습하는 삶 … 62

10 ○ 을미일주: 타오르는 고요, 존재의 빛을 좇는 해바라기 … 66

11 ○ 을사일주: 바람을 타는 꽃잎, 생의 리듬 위에 춤추는 존재 … 70

12 ○ 을묘일주: 바람에 흔들리되 꺾이지 않는 생명의 선율 … 74

PART 3

병(丙)

태양, 밝음과 생동감, 나를 세상에 드러내는 불꽃

13 ◦ 병인일주: 새벽의 태양처럼, 어둠을 뚫고 솟아나는 존재 … 82

14 ◦ 병자일주: 촛불을 든 태양, 고요한 긴장 속의 존재 … 86

15 ◦ 병술일주: 폭풍 전의 빛, 고요한 열정의 수평선 … 90

16 ◦ 병신일주: 빛과 그림자 사이의 진실, 꿰뚫는 눈을 가진 자 … 94

17 ◦ 병오일주: 찬란한 생의 정오, 태양을 닮은 존재 … 98

18 ◦ 병진일주: 바람 속의 햇살, 찰나의 생기를 품은 존재 … 102

PART 4

정(丁)

등불, 속으로 번지는 불꽃, 고요한 타오름

19 ◦ 정묘일주: 무대 뒤의 섬세한 빛, 고요 속의 절정 … 110

20 ◦ 정축일주: 침묵 속의 절규, 가라앉은 불의 내면 … 114

21 ◦ 정해일주: 영혼이 흔들리는 밤, 별이 빛나는 마음 … 118

22 ◦ 정유일주: 추상의 질서와 불꽃의 직관 … 122

23 ◦ 정미일주: 조용한 의지, 연기의 틈에서 피어나는 불꽃 … 126

24 ◦ 정사일주: 칼날 위의 춤사위, 절정의 태양과 맞선 생명 … 130

PART 5

무(戊)

산과 대지, 드러나지 않는 중후함

25 ∘ 무진일주: 흔들림 없는 미소, 중심을 품은 고요한 대지 … 138

26 ∘ 무인일주: 운무 속의 인왕산처럼, 조용한 위엄의 자리 … 142

27 ∘ 무자일주: 저녁 들판의 기도, 침묵 속의 깊은 중심 … 146

28 ∘ 무술일주: 깊은 산속 초당처럼, 고요한 힘의 품격 … 150

29 ∘ 무신일주: 절경 속 질서, 지성으로 다스리는 산맥의 기운 … 154

30 ∘ 무오일주: 불꽃 위에 올라탄 의지의 지도자 … 158

PART 6

기(己)

타인과 자신을 키우는 논밭과 손의 흙, 조화의 중심

31 ∘ 기사일주: 모래판 위의 철학자, 땀과 통찰의 기운 … 166

32 ∘ 기묘일주: 평범함 속의 기적, 소박한 풍경의 내면 … 170

33 ∘ 기축일주: 무겁고 조용한 진심의 붓 … 174

34 ∘ 기해일주: 지성과 침묵의 공존 … 178

35 ∘ 기유일주: 절제된 조화, 삶의 균형을 그리는 화가 … 182

36 ∘ 기미일주: 결실의 들녘, 책임과 조화의 풍경 … 186

PART 7

경(庚)

절제가 곧 존재의 미학, 단단한 쇠의 절제된 힘

37 ○ 경오일주: 불타는 정의, 칼날 위의 태양 … 194
38 ○ 경진일주: 현실 속 이상을 품은 여행자 … 198
39 ○ 경인일주: 바위와 소나무 사이를 걷는 자 … 202
40 ○ 경자일주: 안개 너머를 응시하는 내면의 방랑자 … 206
41 ○ 경술일주: 정의의 검을 들고 맹세하는 정신의 전사 … 210
42 ○ 경신일주: 세한 속 지조, 고요한 검의 의연함 … 214

PART 8

신(辛)

보석과 칼날, 정제된 아름다움

43 ○ 신미일주: 정제된 자유, 구조 속에서 피어난 본질의 색 … 222
44 ○ 신사일주: 빛나는 절제, 웃음 뒤의 고요한 강철 … 226
45 ○ 신묘일주: 구조화된 감정, 선과 색의 논리 … 230
46 ○ 신축일주: 고요한 중심, 겹겹이 쌓인 인생의 동심원 … 234
47 ○ 신해일주: 별빛 아래 흐르는 고요한 감정의 강 … 238
48 ○ 신유일주: 절제된 선과 은밀한 아름다움의 기품 … 242

PART 9

임(壬)

큰 물, 고요하게 흐르는 정신

49 ● 임신일주: 깊은 물줄기를 따라 흐르는 지혜와 속도 … 250
50 ● 임오일주: 바다와 태양 사이, 자유와 열정의 바람 … 254
51 ● 임진일주: 압도적 생명력의 흐름, 나이아가라처럼 … 258
52 ● 임인일주: 거센 자연과 마주한 생존의 맹수 … 262
53 ● 임자일주: 혼돈 속에서도 중심을 지키는 자 … 266
54 ● 임술일주: 물과 대지의 만남, 낙조 아래 사색하는 삶 … 270

PART 10

계(癸)

이슬과 안개, 투명한 마음으로 세상을 적시는 사람

55 ● 계유일주: 빛의 여백에 말을 거는 침묵 … 278
56 ● 계미일주: 햇빛 속의 그늘, 부드러움 속의 고요한 결의 … 282
57 ● 계사일주: 불 속의 물, 색채로 정제된 지혜 … 286
58 ● 계묘일주: 햇살 머금은 안개, 고요한 감성의 결 … 290
59 ● 계축일주: 밤하늘 아래 고요한 응시, 침묵의 철학자 … 294
60 ● 계해일주: 무한한 상상의 뿌리, 생명의 나무처럼 … 298

나가는 말 이 책을 당신에게 건넵니다 … 302
부록 일주 찾는 방법 | 기본 사주 용어 … 304

PART 1

씨앗에서 하늘까지, 생명을 세우는 기둥

갑
(甲)

모든 생명은 땅을 밀고 올라오는 한 줄기에서 시작된다.
　갑목(甲木)은 그 시작의 기운이다. 누가 알아주지 않아도, 보이지 않는 땅속에서 조용히 자라나는 존재. 그 줄기는 어둠을 뚫고 솟구치며, 생의 방향을 위로 향하게 만든다. 그것은 단순한 식물의 성장 그 이상이다. 세상에 아직 아무것도 없을 때, 먼저 자기 뿌리를 믿고 땅을 밀어 올리는 힘. 바로 그 고독하고도 찬란한 결단이 갑목의 본질이다.

갑목은 크고 곧다.
　한번 마음을 정하면 쉽게 꺾이지 않으며, 늘 위를 향해 나아가려 한다. 그것은 마치 하늘을 향해 곧게 뻗은 나무와 같다. 이 나무는 누군가에게 기대지 않는다. 자신의 힘으로 자라고, 땅과 하늘 사이에 스스로를 세운다. 그 기질은 강직하고 진중하며, 쉽게 타협하지 않는다. 갑목은 어떤 자리에서도 자신의 원칙을 지키며, 의연하게 중심을 잡으려 한다.

하지만 그 곧음은 때때로 외로움이 된다.
　타인의 감정을 세심히 들여다보는 데 서툴 수 있고, 융통성보다는 고집으로 비칠 수 있다. 그럼에도 갑목은 흔들리지 않는다. 왜냐하면 그들은 알고 있기 때문이다. 자신이 기둥이 되어야만, 주변이 무너지지 않는다는 것을. 갑목은 책임을 짊어지는 사람이며, 자기 인생의 방향을 스스로 정하는 사람이다. 그래서 갑목은 종종 누군가에게 '존재의 뿌리'로 기억된다.

갑목의 기운을 타고 태어난 여섯 사람, 여섯 개의 일주를 살펴보자.

그들은 모두 갑목이라는 이름 아래 각기 다른 그림을 지닌다. 어떤 이는 밀레의 화폭에서 생명을 주우며, 또 다른 이는 고갱의 붓끝에서 존재를 묻는다. 그러나 그 중심에는 늘 한 가지가 있다. 곧게 자라나려는, 존재의 의지다. 갑목이란 기운이 인간 안에서 어떻게 피어나고, 어떤 모습으로 삶을 밀어 올리는지를 따라가 보자.

갑자일주:
존재의 질문을 품은 싹

●●●●●●

폴 고갱, 《우리는 어디에서 왔는가 우리는 누구인가 우리는 어디로 가는가》

• 갑자일주의 상 •
어둠을 뚫고 솟아나는 첫 싹

갑자일주는 60갑자의 첫 번째 기둥이며, 시간과 존재의 서사에서 가장 먼저 등장하는 인물이다. 갑은 오행 중 목(木), 그중에서도 막 움트는 줄기다. 아직 가지도 잎도 나지 않았지만, 위로 솟으려는 본성을 지닌 곧은 생명이다. 자는 수(水), 겨울 한복판의 깊은 샘이다. 생명을 품되 그 표면은 얼어 있고, 속은 어둡고 막막하다. 갑자일주는 이 어둠의 물속에서 솟아오르려는 첫 줄기, 생명의 최초 몸짓이다. 세상이 알아채기 전, 땅속에서 울리는 미세한 진동처럼, 고요하고 외로운 시작이다.

이 기질은 외부의 도움보다는 스스로 자신을 밀어 올리는 힘에서 비롯된다. 누가 이끌어 준 것도, 도와준 것도 아니다. 그들은 깊은 무의식의 물속에서 홀로 깨어나 위로 솟아오른 존재들이다. 그리하여 갑자일주는 내면에 뿌리내림과 성장, 돌파의 명령을 타고난다.

하지만 '자'수의 물이 너무 깊고 강해, 어린줄기인 갑목에겐 때때로 부담이 된다. 시작은 있었지만, 현실의 흐름 속에서 방향을 잡기란 어렵다. 그래서 삶의 중간에서 가장 많이 방황하며, 정착과 돌파 사이에서 끊임없이 자신을 조율한다.

이러한 갑자일주의 내면은 폴 고갱의 명작 《우리는 어디에서 왔는가 우리는 누구인가 우리는 어디로 가는가》와 깊이 연결된다. 고갱은 이 작품에서 삶의 시작과 진행, 그리고 죽음에 이르는 질문을 하나의 화폭에 담았다. 오른편 어둠 속의 탄생, 중앙의 일상, 왼편 끝의 죽음. 이는 곧 갑자일주의 내면 여정과 같다. 그들은 태어남과 동시에 "나는 누구인가"를 묻고, 삶을 살아가는 동안 방향을 고민하며, 누구보다 빨리 "우리는 어디로 가는가"라는 물음에 다다른다.

고갱처럼, 갑자일주는 삶을 예술로, 사유로, 또는 행동으로 풀어내며 자기 존재를 증명하고자 한다. 이들은 타오르는 태양보다는 물을 뚫고 나오는 줄기, 조용한 생명력이다. 아직 잎도 꽃도 피지 않았지만, 자신은 이미 깨어 있다. 세상은 그들을 모르지만, 그들은 스스로를 알고, 존재의 의미를 묻는다. 그 깨어 있음이 곧 갑자일주의 힘이다.

이 일주는 모든 일주의 시작이자, 질문의 근원이며, 어둠 속에서도 솟아나는 첫 빛이다. 존재 이전의 존재, 침묵 속의 의지, 그것이 곧 갑자일주이다.

• 갑자일주의 소통 •
말보다 마음이 먼저 닿는 사람

갑자일주의 소통은 겨울밤의 깊은 샘물처럼 조용하고 차분하다. 겉으로는 말이 적고 감정을 쉽게 드러내지 않는 듯하지만, 그 침묵 속에는 깊고 정제된 내면의 사유가 흐른다.

이들은 말이라는 행위 자체에 신중하며, 함부로 내뱉는 말을 경계한다. 말을 하기 전, 그 말이 어떤 의미를 갖는지, 듣는 이에게 어떤 울림을 줄지 오래 곱씹는다. 그래서 갑자일주는 한마디를 하기까지 시간이 걸리지만, 그 말에는 허투루 쓰인 단어가 없다. 그들의 말은 무겁고, 조용하지만 울림이 크다.

갑자일주는 듣는 데 강한 기질을 지녔다. 자수는 상대의 말과 감정을 흡수하고 소화하는 능력이 뛰어나다. 그래서 갑자일주의 소통은 '말하기'보다는 '듣고 이해하기'에서 출발한다. 상대의 말 너머에 있는 정서, 말로 표현되지 않은 의도, 그리고 분위기까지 감지하고 그것을 내면에서 정리한 후에야 조심스럽게 반응한다.

이들의 소통은 논쟁을 통해 이기려는 것이 아니라, 상대의 입장을 이해하고 공감하려는 쪽에 가깝다. 빠르고 명쾌한 소통보다는 느리지만 진실된 흐름을 선호하고, 말보다 태도와 분위기로 신뢰를 쌓는다. 특히 갑자일주는 친밀한 관계에서 더 따뜻한 언어를 사용한다. 그들의 진심은 시간이 지나며 드러나고, 말보다는 행동이나 지속적인 관심으로 표현된다.

또한 갑자일주는 글로 자신의 생각을 표현할 때 더 명확하고 진중해진다. 입으로 말하는 것보다 글로 쓰는 것이 더 익숙하고 편안하기 때문이다. 이들은 자신의 내면을 말로 즉흥적으로 드러내기보다, 오랜 숙고 끝에 정제된 언어로 조용히 전달한다.

　갑자일주는 낯선 사람 앞에서는 쉽게 마음을 열지 않지만, 신뢰가 형성되면 점점 더 많은 이야기를 털어놓는다. 하지만 그 이야기는 언제나 차분하고, 절제되어 있으며, 감정에 휩쓸리기보다는 진심을 담아 천천히 다가온다. 그래서 갑자일주의 소통은 요란하지 않지만 깊고, 눈에 띄지 않지만 오래 남는다. 침묵마저도 하나의 언어가 되는 사람, 말이 없을 때조차 존재의 울림으로 전해지는 사람, 그것이 바로 갑자일주다.

• 갑자일주의 타고난 소질과 삶의 방향성 •

철학자, 예술가, 교사, 관찰자

갑자일주는 삶을 단순한 생존이나 반복이 아닌, 의미 있는 서사로 받아들이는 기질을 지녔다. 이들은 '왜 사는가', '어떻게 살아야 하는가'라는 본질적인 물음을 일찍부터 품고 살아가며, 그 질문을 놓지 않는 사람이다.

그래서 작가, 철학자, 상담자, 예술가, 교육자, 연구자처럼 삶을 해석하고 전달하는 일을 통해 자신의 빛을 발한다. 말보다 시선이 깊고, 설명보다 공감이 앞서며, 타인의 내면을 조용히 비추는 능력이 있다. 이들의 눈빛은 침묵 속에서도 많은 이야기를 담고 있으며, 그 진지함이 사람들에게 깊은 인상을 남긴다.

갑자일주는 세상의 아픔에 공명하는 감수성을 가지고 있고, 누군가를 돕고자 하는 본능을 지닌다. 남들이 외면하는 질문, 혹은 외면당한 존재를 향해 손을 내밀며, 그들을 위한 언어를 만들고자 애쓴다. 고갱이 폴리네시아의 바다와 땅에서 존재의 근원을 화폭에 담아냈듯, 이들도 삶의 깊이를 시간 속에 남기는 사유의 예술가들이다. 갑자일주는 그렇게 의미를 만들고, 그 의미로 세상을 조금씩 따뜻하게 바꾸는 존재다.

갑술일주:
쓸쓸한 풍요, 성찰의 계절

장 프랑수아 밀레, 《이삭 줍는 여인들》

· 갑술일주의 상 ·
낙조 속 고요한 들판, 땅에 엎드린 생의 겸손

갑술일주는 낙조 속 고요한 들판처럼, 삶의 끝자락에서 묵묵히 성찰하는 기질을 지닌다. 갑목은 위로 솟는 줄기지만, 술토는 모든 것이 대지로 돌아가는 늦가을의 흙이다. 이 상반된 기운의 만남은 생의 출발과 마무리를 함께 품은 존재로 만들어 낸다.

장 프랑수아 밀레의 《이삭 줍는 여인들》 속 여인들처럼, 이들은 삶의 절정 이후에도 땅에 엎드려 남은 의미를 주워 담는다. 갑술일주의 겸손은 외적인 겸양이 아니라, 생의 무게를 껴안고 살아가는 내면의 태도다. 성장보다는 뿌리내림, 과시보다는 정직함이 삶의 본질임을 본능적으로 안다. 화려함의 끝에서 절제를 배우고, 과잉의 시대 속에서 소박한 선택을 할 줄 아는 이들이다.

이들의 침묵은 고요하지만 강하고, 말은 적지만 깊은 신뢰를 남긴다. 겉으로는 무뚝뚝해 보여도, 내면에는 따뜻하고 단단한 애정이 흐른다. 삶을 번성보다는 숙고의 과정으로 받아들이며, 중심을 지키는 힘을 중요시한다.

고갱이 존재의 기원을 물었다면, 밀레는 존재의 마지막에서 겸손을 이야기했다. 갑술일주는 그 두 질문 사이에서 자신을 살아 내는 존재다. 땅에 엎드려 사라진 것의 의미를 되새기며, 삶의 뒷모습에서 진정한 빛을 이해한다. 말보다 태도, 겉보다 중심, 그 고요한 단단함이 이들의 진가다. 낙조처럼 서늘하지만 따스한, 깊은 품을 지닌 사람들이 바로 갑술일주다.

• 갑술일주의 소통 •
말의 무게를 아는 사람, 침묵으로도 대화하는 존재

 갑술일주의 소통은 절제된 언어와 신중한 표현, 깊은 내면의 사유를 바탕으로 한다. 갑목은 곧은 줄기처럼 중심이 뚜렷하고, 술토는 늦가을의 흙처럼 수렴하고 정리하는 기운이다. 이 조합은 의연한 침묵과 무게 있는 말로 이어지며, 가벼운 수다보다 깊이 있는 침묵 속의 교감을 선호한다.

 이들은 말을 쉽게 하지 않으며, 언어에는 책임이 따름을 알고 있다. 진심을 번역할 수 있을 때만 말하는 것이 갑술일주의 방식이다. 그래서 감정 표현엔 인색하지만, 말 한마디에 진정성이 담겨 있다. 감정 과잉의 대화나 과한 친밀함엔 쉽게 피로감을 느끼며, 말보다 태도와 일관성을 중시한다. 소통은 감정보다 사실에 기반하며, 책임 있는 자세로 신뢰를 만든다. 또한 말의 맥락과 분위기를 읽는 능력이 뛰어나, 말보다 눈빛과 행동으로 더 많은 메시지를 전한다.

 절제된 이 소통은 때로는 차갑게 비치기도 하나, 선 안으로 들어온 이들에게는 깊고 오래가는 애정으로 응답한다. 이들의 언어는 다정한 말이 아니라, 지켜 주는 태도와 책임감이다. 요란하지 않지만 분명한 존재로서, 말 없는 순간에도 진심을 전하며 관계를 지켜 간다. 늦가을 바람처럼 차분하지만, 그 안엔 따뜻한 결이 숨어 있다. 갑술일주의 말은 소리처럼 사라지는 것이 아니라 잔향처럼 오래 남는다.

갑술일주의 타고난 소질과 삶의 방향성
절제된 힘, 구조적 사고와 성실한 실행

갑술일주는 묵묵히 시간을 들여 완성해 가는 일에서 강한 능력을 발휘한다. 농업, 행정, 교육, 연구, 사회복지, 심리상담 등처럼 인내와 지속성이 요구되는 분야에서 특히 안정적이고 신뢰받는 존재로 자리 잡는다.

이들은 빠른 성과보다는 과정의 정직함과 깊이 있는 결과를 중시하며, 작은 일도 성실하게 해내는 태도를 갖고 있다. 철학적 사고와 역사적 안목을 지니고 있어 사회 전반의 질서를 기획하고, 제도를 설계하는 일에도 적합하다. 교육자로서 후진을 이끌거나 연구자로서 오랜 탐구를 지속하는 데에서도 강한 집중력을 보인다.

타인을 위한 삶을 중요하게 여기기 때문에 공공성과 실천성을 겸비한 사회적 기여에 관심이 많고, 자기 이익보다는 공동체의 균형을 도모하는 방향으로 나아간다. 밀레가 농민을 단순한 노동자가 아닌 존엄한 인간으로 화폭에 담았듯, 갑술일주도 사물과 사람을 기능이 아니라 본질로 이해하려 한다. 일을 단지 처리하는 것이 아니라, 그 안에 생의 구조와 질서를 부여하려는 태도는 이들을 특별하게 만든다.

이들은 어떤 자리에서든 조용히 제 역할을 다하며, 시간이 흐를수록 더 깊은 신뢰를 얻는다. 갑술일주는 조용히 세상의 틀을 바로 세우는 사람이다.

갑신일주:
바위를 뚫고 피어나는 의지의 생명

김홍도, 〈옥순봉〉

• 갑신일주의 상 •
하늘을 향해 솟는 봉우리, 꺾이지 않는 수직의 정신

———❖———

갑신일주는 김홍도의 《옥순봉》처럼 수직으로 치솟는 기백과 단단함을 지닌 일주다. 갑목은 위로 뻗는 시작의 기운이며, 신금은 가을의 결실과 절제의 금기다. 이 둘의 만남은 긴장과 충돌이자, 단련과 성찰의 여정이다.

절벽 위에 나무가 뿌리내리듯, 갑신일주는 시련 속에서 더욱 단단해진다. 강함 속에 조화를 추구하고, 침묵 속에서도 깊은 결심을 지닌다. 그들은 뻗어 가려는 이상과 냉철한 현실 사이에서 끊임없이 조율하며 성장한다. 삶은 그들에게 늘 장벽이지만, 포기보다는 버팀으로 응답한다. 신념은 분명하되, 타인을 해치지 않으려는 배려가 깃들어 있다. 그들의 고집은 믿음이며, 침묵은 성찰이다.

갑신일주는 청년의 기백을 지녔지만, 점점 깊어지는 사람들이다. 《옥순봉》의 절벽처럼 단단하고, 그 위의 안개처럼 유연한 존재다. 그들은 소리 없이 자신을 드러내며, 삶이란 절벽 위에서도 나무를 피워 내는 것임을 보여 준다.

• 갑신일주의 소통 •
단단한 말, 조심스러운 진심의 전달자

갑신일주의 소통은 곧고 단단하며, 말보다 태도와 신중함을 중시한다. 이들은 절벽 끝에서 바람을 읽듯 상황을 예민하게 파악하며, 언어는 감정의 표출이 아니라 내면의 질서를 드러내는 도구라 여긴다. 갑의 정직함과 신의 절제력이 만나, 감정을 쉽게 드러내기보단 책임 있는 말만을 남긴다. 감정적 반응보다는 분석적 듣기를 하며, 상대의 말 뒤에 숨은 맥락을 구조화해 이해하려 한다.

대화에서 감정의 파고를 피하고, 냉정하고 이성적인 태도로 신뢰를 쌓는다. 말수가 적지만 핵심을 찌르고, 정제된 솔직함으로 불필요한 감정을 배제한다. 그들의 유머도 즉흥이 아닌 계산된 완급 조절이다. 감정 표출은 내면의 질서를 해칠 수 있다는 신념 아래, 스스로의 중심을 지키려 한다. 그래서 차갑게 보이지만, 실제로는 뜨겁고 깊은 마음을 품고 있다. 친밀한 관계에서는 말보다 행동으로 감정을 표현하며, 곁에 머무는 방식으로 마음을 드러낸다.

이들의 소통은 빠르지 않지만 정확하고, 요란하지 않지만 오래간다. 신뢰는 말이 아니라 실천에서 쌓는다는 이들만의 방식이 있다. 말은 구조이고 책임이며, 그 위에 관계라는 다리를 세운다. 갑신일주의 언어는 조용하지만, 강력하고 깊다.

• 갑신일주의 타고난 소질과 삶의 방향성 •
절제된 카리스마, 구조를 만드는 사람

갑신일주는 행정, 기획, 공공, 법률, 교육, 연구 등 체계와 규율을 요하는 분야에서 빛을 발한다. 이들은 생각이 깊고 판단이 명확하며, 추진력과 통제력을 바탕으로 복잡한 구조 속에서도 중심을 잡는다. 주어진 틀 안에서 창의성을 발휘하기보다는, 질서 있는 흐름 속에서 내면의 기준을 따라가는 데 강하다.

동시에 이들은 문화와 예술, 고전과 전통, 산수와 문학 등에서 진중한 해석력과 통찰을 발휘하며, 감성과 이성이 균형 잡힌 해석을 해낸다. 단순히 일을 효율적으로 처리하는 데 그치지 않고, 그 일에 철학적 의미를 부여하고자 한다.

갑신일주는 규율 속에 감정을 담고, 질서 속에서 삶의 미학을 발견하는 사람이다. 김홍도의 《옥순봉》처럼, 이들의 삶은 단정하고 절제되어 있으면서도, 그 속에는 격조와 내면의 깊이가 흐른다. 표면적으로는 냉철한 기획자이지만, 본질적으로는 사유하는 인간, 생각하는 존재다.

각자의 자리에서 조용히 구조를 만들고, 누군가는 보지 못한 맥락을 읽어 내며, 세상을 설계하고 교정하는 감시자이자 디자이너다. 그렇게 갑신일주는 자신의 방식으로 질서를 세우고, 삶을 완성해 간다.

갑오일주:
무대 위의 푸른 줄기, 고요한 열정의 리허설

에드가 드가, 《무대 위 발레 리허설》

갑오일주의 상

무대 뒤편, 준비된 삶의 역동

갑오일주는 뜨거운 여름 정오, 태양 아래 곧게 솟은 나무처럼 힘차고 생명력 넘치는 존재다. 갑목은 시작의 줄기, 오화는 태양과 불의 기운으로, 이들의 만남은 정열과 절제의 에너지를 동시에 품는다. 이들은 내면에 강렬한 열망을 품되, 겉으로는 침착하고 조율된 태도를 보인다. 에드가 드가의 《무대 위 발레 리허설》처럼, 겉은 고요하지만 그 안에는 치열한 훈련과 준비의 에너지가 흐른다.

갑오일주는 삶을 즉흥이 아닌 리허설로 보고, 자신을 끊임없이 단련하며 도전한다. 나무가 불을 두려워하지 않고 스스로를 단련하는 불로 삼듯, 이들은 시련을 통해 성장한다. 열정은 감정이 아니라 구조화된 정열이며, 훈련된 집중력이다. 화려함보다 일관성, 즉흥보다 성숙한 완성을 추구한다.

그들은 겉보기엔 평온하지만, 눈빛 속엔 타오르는 의지가 깃들어 있다. 스스로에게 끊임없이 묻고, 어제보다 나은 자신을 위해 고요한 경쟁을 이어 간다. 진정한 무대는 외부가 아니라, 자기 안에 존재한다. 갑오일주는 그렇게 스스로를 완성해 간다.

• 갑오일주의 소통 •
뜨겁고 솔직하며, 중심을 향해 곧게 뻗는 말의 기운

―◈―

갑오일주의 소통은 정직하고 뜨거우며, 중심을 향해 곧게 뻗는 에너지를 지닌다. 갑목의 곧음과 오화의 불같은 기운이 만나, 이들은 감정과 생각을 숨김없이 표현한다. 돌려 말하는 법을 모르고, 말의 중심엔 늘 진심이 있다.

이들은 소통을 자아 표현의 도구로 여기며, 대화 속에서도 존재감을 강하게 드러낸다. 말에 활력이 넘치고 설득력도 뛰어나지만, 섬세한 사람에겐 그 직진성이 부담으로 느껴질 수 있다. 감정 표현 또한 솔직하고 분명해, 눈치 대신 직접 말하기를 선호한다. 하지만 그 뜨거움이 때로는 상처가 되기도 한다. 공감보다는 해결 중심의 반응을 보이며, 말이 현실적 행동으로 이어지길 바란다.

친밀한 관계에서는 유쾌하고 재치 있지만, 그 안엔 언제나 명확한 기준과 중심이 자리한다. 말에 책임을 지려 하고, 말뿐인 관계를 가볍게 여기지 않는다. 갑오일주의 말은 포장이 아닌 진실된 용기이며, 그 말은 정면을 향해 뻗는다. 햇빛처럼 곧고 뜨거운 언어, 그것이 갑오일주의 소통이다.

• 갑오일주의 타고난 소질과 삶의 방향성 •
표현의 장, 리더십의 무대

갑오일주는 타고난 생명력과 표현력을 바탕으로, 창조적이고 영향력 있는 직업에서 빛을 발하고 자아를 드러내고, 남에게 기쁨과 가치를 전하려는 본능으로 이어진다. 그래서 예술, 디자인, 공연, 교육, 상담, 심리치료, 스피치, 콘텐츠 기획 등의 분야에서 자연스럽게 주목받는 존재가 된다.

이들은 단순한 창작자나 전달자를 넘어서, 자신의 철학과 감각을 작품이나 말 속에 녹여 내는 사람들이다. 특히 무대 예술처럼 절제된 표현 안에 감정의 파동을 담아야 하는 영역에 적합하다. 드가의 《무대 위 발레 리허설》처럼, 갑오일주는 완성되지 않은 과정 속에서도 미(美)를 향한 긴장감을 잃지 않는다.

내면의 추진력과 조직 운영 능력을 의미하며, 예술이나 상담 같은 분야뿐 아니라 행정, 교육, 리더십 역할에서도 강점을 보인다. 자신만의 세계를 갖고 있는 이들은, 위계와 구조 속에서도 자율성과 창의성을 함께 발휘할 수 있다. 무대 뒤의 연출자처럼 전체를 보는 눈과, 연습생처럼 자신을 계속 훈련하는 자세를 동시에 지니는 인물이다.

갑오일주는 이렇듯 한 작품의 총지휘자이자, 동시에 가장 치열한 연습생으로 살아간다. 이들은 삶이라는 무대에서 끊임없이 연습하고, 매 순간 최선을 다해 무대에 오른다. 결과보다 과정을 중요시하며, 완성을 향해 흔들림 없이 걸어가는 사람들이다.

갑진일주:
창조의 손끝, 시간을 조율하는 존재

미켈란젤로 부오나로티, 《천지창조》

• 갑진일주의 상 •
창세기의 대지, 생명의 씨앗이 움트는 시간

───◈───

갑진일주는 막 생명이 움트는 봄 대지의 첫 장면을 닮았다. 갑목은 여린 줄기이지만, 안에는 솟구치려는 생명의 의지가 깃들어 있고, 진토는 창조와 전환의 땅으로, 다양한 가능성이 뒤얽힌 복합적 기운을 품는다. 이 일주는 혼돈과 질서, 여림과 힘이 공존하는 경계에서 태어난다.

미켈란젤로의 천장화처럼, 갑진일주는 탄생 직전의 긴장과 에너지를 품은 존재다. 그들은 늘 새로운 시작의 문턱에 서 있고, 상상을 실현으로 바꾸려는 창조적 욕망을 지닌다. 갑목은 진토 위에 구조를 세우고, 질서 속에서 성장하는 성향을 지닌다. 이들은 충동보다 설계, 감정보다 구조에 무게를 두며, 자신의 세계를 차근차근 현실로 옮긴다.

철학자이자 실천가, 예술가이자 설계자인 갑진일주는 삶을 빚어내는 창조의 손끝을 지녔다. 늘 출발점에 서 있는 이들은 책임과 가능성을 함께 짊어진다. 그들의 삶은 빛이 어둠을 가르는 새벽처럼, 조용하지만 근원적인 탄생의 힘을 머금고 있다.

• 갑진일주의 소통 •
질서 있는 말, 뿌리 깊은 경청

　갑진일주의 소통은 정제된 사고와 구조적인 표현, 깊은 경청이 어우러진 단단한 방식이다. 갑목은 명료한 언어를, 진토는 다양한 기운을 통합하는 기질을 지녀, 이들의 말은 흐트러짐 없이 목적과 방향성을 담는다.

　쉽게 말하지 않고, 늘 논리와 일관성을 중심에 둔 준비된 화법을 구사한다. 감정보다는 구조, 반응보다는 설계를 중시하며, 문제 해결형 소통에 강하다. 청취 역시 단순히 듣는 것이 아니라, 말의 맥락과 의도를 입체적으로 파악하는 능력을 지닌다. 이들의 대화는 감정보다는 정리와 조율에 가깝다. 그로 인해 때때로 딱딱하거나 거리감 있게 느껴질 수 있지만, 이는 감정을 절제하려는 조심스러운 태도다. 친밀한 관계에선 따뜻하고 안정적인 말과 행동으로 존재감을 드러낸다.

　말보다 행동, 언변보다 책임을 통해 신뢰를 전하며, 소통을 관계의 구조로 여긴다. 감정을 소모하지 않되 진심은 담겨 있다. 갑진일주의 말은 단단한 건축물처럼 오래 기억에 남는다. 절제된 진심, 정돈된 표현, 조용한 신뢰가 이들의 대화 방식이다.

갑진일주의 타고난 소질과 삶의 방향성

설계자, 창조자, 이론가의 길

갑진일주는 상상력과 현실 감각을 동시에 지닌 존재로, 아이디어와 실현 사이의 균형을 잡는 데 뛰어난 재능을 발휘한다. 단순히 생각에 그치지 않고, 그것을 구체적인 구조나 설계로 구현해 낼 수 있는 능력이 있다. 예술과 과학, 문학과 기술처럼 상반되어 보이는 영역에서도 조화를 이뤄 내며, 두 세계를 연결하는 통로가 된다.

건축, 디자인, 공학, 철학, 교육, 연구직 등 체계적인 접근과 창의적 발상이 동시에 요구되는 분야에서 강점을 보인다. 이들은 겉으로 화려하게 드러나기보다는, 보이지 않는 설계도를 치밀하게 그리는 사람들이다.

갑진일주는 장기 프로젝트에서 빛난다. 단기 성과보다 완성도 높은 결과를 중시하며, 목표를 향해 묵묵히 나아가는 인내심을 갖추고 있다. 이들은 어떤 아이디어라도 현실화시키는 능력을 통해, 조직과 사회에서 신뢰를 얻는다.

갑진일주의 창의성은 감정적이거나 충동적인 것이 아니라, 질서와 원리에 기반한 창조성이다. 마치 설계도 없는 건물은 존재할 수 없듯, 이들이 그리는 큰 그림은 결과로 이어진다. 결국 갑진일주는 '창조의 손끝'을 지닌 사람이다. 보이지 않는 생각을, 보이는 구조로 완성시키는 창조의 기술자이자 예술가다.

갑인일주:
낯선 숲속의 싹, 기억과 자유를 품은 생명

●●●●●

폴 고갱, 《마타무아(옛날 옛적에)》

• 갑인일주의 상 •
원시의 숲에서 피어난 나무, 기억의 언덕을 걷는 자

―――◆◆◆―――

　갑인일주는 원시의 숲에서 피어난 나무처럼, 문명 이전의 생명력을 품은 존재다. 갑은 시작의 줄기, 인은 봄의 문이 열리는 시간으로, 이들의 만남은 태초의 순수하고 단단한 기운을 만든다. 폴 고갱의《마타무아》처럼, 이들은 "우리는 어디에서 왔는가"를 묻는 존재이며, 본질과 기억을 그리워한다.

　갑인일주는 도시적 리듬보다 자기만의 속도와 결을 따르며, 삶을 '되살림'으로 여긴다. 새로움보다 잊힌 것을 되찾고, 낯섦 속에서 자신을 확장한다. 고갱이 타히티로 떠난 것처럼, 이들도 문명에서 한발 비켜서 자신만의 정글을 만들어 간다.

　겉보다 속, 말보다 기운, 화려함보다 진실을 중시하며, 존재의 깊이를 살아간다. 낯선 시작에서 익숙한 자아를 다시 만나고, 지금을 살면서도 기억의 시간과 함께 있다. 갑인일주는 시간을 걷는 나무이며, 고요하지만 강한 생명이다. 그들의 삶은 과거와 현재, 내면과 세계를 잇는 깊은 숲이다.

• 갑인일주의 소통 •
고요한 나무의 언어, 방향 있는 말의 힘

　갑인일주의 소통은 조용하지만 분명하고, 단순하면서도 깊은 울림을 지닌다. 갑목의 곧음과 인목의 생명력이 만나, 이들의 말은 방향성과 책임을 지닌 에너지로 표현된다. 화려한 말솜씨보다는 정직한 표현과 일관된 논리를 중시하며, 말 한마디에도 신중한 고민이 담겨 있다.

　이들은 절제된 언어를 통해 깊은 배려를 전하며, 요란하지 않아도 오래 남는 말을 한다. 듣는 데에도 능해, 단순한 반응이 아닌 맥락과 의도를 함께 읽어 내며 상대를 존중한다. 감정보다 본질을 파악하고자 하며, 말의 설계와 흐름에 집중한다. 때로는 이런 신중함이 거리감으로 비춰지기도 하지만, 그것은 대화를 가볍지 않게 대하는 태도에서 비롯된다. 친밀한 관계에서는 따뜻하고 충직한 언어를 구사하며, 한번 내뱉은 말은 오래 지켜 간다.

　과장보다 진심, 말보다 행동으로 소통을 증명하고자 한다. 말은 적지만 중심이 있고, 한마디가 관계의 기둥처럼 작동한다. 갑인일주의 언어는 중심을 잃지 않는 나무처럼 곧고, 상대의 마음에 조용히 스며든다.

• 갑인일주의 타고난 소질과 삶의 방향성 •
자연, 교육, 예술, 정신세계의 설계자

갑인일주는 성장과 창조의 기운을 타고난 사람이다. 생명력과 직관, 그리고 본질을 꿰뚫는 통찰력을 갖춘 이들은 교육, 예술, 철학, 인문학, 종교, 상담 등 인간 내면과 성장에 깊이 관여하는 분야에서 빛을 발한다. 이들은 단지 무언가를 가르치는 데 그치지 않고, 타인의 가능성과 생명을 키워 내는 사람이다. 본능적 감수성과 구조적 사고력을 함께 지닌 갑인일주는 직관과 논리를 넘나들며 새로운 가치와 의미를 만들어 낸다.

고갱이 서구 화단의 틀을 벗어나 원시의 감성과 색채를 탐구했듯, 갑인일주도 유행보다 본질에, 결과보다 성장의 과정에 집중한다. 이들은 흐름과 에너지, 관계의 생태를 이해하고 설계하는 능력이 뛰어나며, 사람과 사람 사이를 잇는 매개자로 살아간다.

'가르치는 자'이자 '치유하는 자', '자라게 하는 자'이자 '깨우는 자'인 그들은, 존재의 뿌리를 깊게 내리고 세상에 나무처럼 서는 법을 안다. 시대를 초월한 감각과 철학을 품은 조용한 창조자, 그것이 갑인일주의 진면목이다.

PART 2

부드럽지만 꺾이지 않는 줄기, 작지만 강한 생명

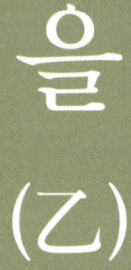

을
(乙)

을목은 바람에 흔들리는 풀이다.
 튼튼한 줄기나 거대한 뿌리를 자랑하지 않지만, 계절이 오고 가는 동안 그 어떤 생명보다 조용히 오래 살아남는다. 을목(乙木)은 갑목의 동생 같은 존재다. 곧고 큰 나무가 아니라, 구부러지고 흔들리며 옆으로 자라는 덩굴이다. 하지만 그 부드러움 안에는 특유의 끈기와 생존력이 숨어 있다. 을목은 힘이 약한 대신, 사람과 사람 사이를 타고 흐르며 생명을 퍼뜨리는 방식으로 세상에 스며든다.

을목은 감정이 섬세하고 감각이 예민하다.
 관계에 민감하고, 분위기를 읽을 줄 알며, 말보다는 표정과 기류로 사람을 파악한다. 그래서 때로는 주변에 너무 많은 영향을 받고, 중심을 잃을 위험도 있지만, 동시에 누구보다 타인을 배려하고 조율하는 능력도 크다. 을목은 자신의 힘을 내세우기보다는 상대방의 흐름을 받아들이며 조화롭게 살아간다. 그 유연함은 때로 오해받지만, 실은 강한 자아를 품은 사람만이 가능한 생존 방식이다.

을목의 진짜 힘은 '기다림'과 '돌봄'에 있다.
 빠르게 솟아오르기보다, 상황을 살피고 뿌리를 옮겨 가며 자리를 잡는다. 필요할 때는 부드럽게 감싸고, 때로는 스스로를 지우면서도 끝내 자리를 지켜 낸다. 이러한 을목의 태도는 겉으로 보기엔 순응처럼 보이지만, 실은 세상과 타인을 이해하고자 하는 깊은 통찰에서 비롯된다. 그들은 다정하지만 무너지지 않고, 조용하지만 사라지지 않는다.

을목의 기운으로 태어난 여섯 사람의 삶을 그림을 통해 들여다보자.
바람을 타고 구불구불 자라나는 덩굴처럼, 이들은 제각기 다른 방향으로 뻗어 나가지만, 그 안에는 공통의 부드러움과 생명력이 흐른다. 어떤 이는 빈센트 반 고흐의 풀밭에서, 어떤 이는 르브룅의 화폭 속 모성의 미소에서 나타난다. 이 부드러운 생명들이 어떻게 세상을 감싸고, 사람 사이를 이어 가는지를 지금부터 함께 따라가 보자.

을축일주:
얼어붙은 대지 위의 부드러운 잎새

● ● ● ● ●

클로드 모네, 《지베르니의 서리》

• 을축일주의 상 •

서리 내린 들판 위, 굽이쳐 자라는 생명

　을축일주는 겨울 끝자락, 서리 낀 들판 위에서 고요히 살아 숨 쉬는 풀잎과 같다. 을목은 유연하고 섬세한 음목이며, 축토는 차갑고 습한 음토로, 이들의 만남은 조용히 감내하면서도 꺾이지 않는 생명력을 상징한다. 클로드 모네의 《지베르니의 서리》처럼, 차가운 풍경 속에서도 생명은 멈추지 않는다.

　을축일주는 외부에 감정을 쉽게 드러내지 않지만, 내면은 따뜻하고 배려심 깊다. 겉으로는 연약해 보여도 안에는 단단한 뿌리를 지닌 사람들이다. 이들은 느리지만 정확한 속도로 걸으며, 침묵 속에서 더 깊은 메시지를 전한다. 빠른 성취보다 성실한 과정, 화려한 표현보다 은은한 진심을 중시한다.

　인생의 시련 앞에서도 조용히 견디며, 안으로 생명을 밀어 올린다. 결국 어느 날, 얼어붙은 땅을 뚫고 조용히 모습을 드러낸다. 을축일주는 부드럽지만 단단한 존재로, 세상에 조용한 감동을 남긴다. 모네의 풍경처럼 이들의 삶은 겸허하면서도 생명력이 살아 있는 예술이다.

• 을축일주의 소통 •
조용한 말, 오래 남는 진심의 언어

───◆◈◆───

　을축일주의 소통은 조용하고 신중하며, 말보다 마음의 결을 먼저 읽는 방식이다. 을은 유연하고 부드러운 풀, 축은 얼어붙은 겨울 땅으로, 이들의 만남은 절제와 침묵 속에 진심을 담는 기질을 만든다.

　이들은 먼저 말하지 않고, 상대를 오래 지켜본 뒤 조심스럽게 마음을 연다. 말수는 적지만, 경청에는 진심이 담겨 있으며, 말보다 눈빛과 고개 끄덕임 같은 조용한 반응으로 신뢰를 쌓는다. 을축일주의 말은 적지만 깊고 오래 남으며, 불완전한 표현일수록 더 진실하게 다가온다. 이 느리고 조심스러운 소통은 때로 무뚝뚝하게 느껴질 수 있으나, 내면에는 따뜻한 배려가 흐른다. 친밀한 관계에서는 섬세하고 따뜻한 말이 드러나며, 말보다 행동으로 마음을 전한다.

　그들의 소통은 화려하지 않지만 진심으로 가득하고, 빠르지 않지만 오래 지속된다. 그들은 자신이 한 말에는 책임을 지고, 말이 없을 때조차 존재감으로써 응답한다. 을축일주는 눈에 띄지 않아도 결코 사라지지 않는 조용하지만 울림이 있는 말의 힘을 지닌 사람이다.

을축일주의 타고난 소질과 삶의 방향성

인내와 정성을 요구하는 예술과 기술

을축일주는 조용히, 그러나 성실하게 무언가를 쌓아 가는 사람이다. 이들은 단기적인 성과보다는 장기적인 안정과 지속 가능성을 중시하며, 스스로의 리듬을 지키는 데 능하다. 그러므로 농업이나 정원예, 환경 분야처럼 자연과 시간의 흐름을 존중해야 하는 일에 적합하다. 또한 공공행정, 회계, 상담, 교육, 사업 등 신뢰와 꼼꼼함이 요구되는 분야에서도 빛을 발한다.

예술을 한다면 화려한 표현보다는 모네처럼 정서와 빛, 감각을 섬세하게 다루는 인상주의 계열이 잘 맞는다. 실무 능력이 뛰어나 조직에서는 묵묵히 일을 완수하는 중심축이 되며, 말보다는 결과로 신뢰를 얻는다.

을축일주는 기교보다 진정성, 속도보다 깊이, 주장보다 실천이 강점이다. 화려하진 않지만, 매 순간을 성실히 채우며, 시간이 지날수록 더욱 빛을 발하는 인물이다. 결국 이들은 '조용한 완성'이라는 이름의 전문가다.

을해일주:
고요한 강물의 집념, 바람의 결을 타는 나무

클로드 모네, 《수련》

• 을해일주의 상 •

물 위에 피어난 꽃, 바람에 흔들리는 유연한 가지

　을해일주는 마치 클로드 모네의 《수련》처럼, 고요한 수면 위에 떠 있지만 깊은 뿌리를 지닌 존재다. 모네의 그림 속 수련은 물의 흐름과 빛의 반사를 받아 끊임없이 변화하면서도, 그 중심은 흔들리지 않는다. 을해일주는 그런 수련처럼 감정의 물결 위에서 조용히 피어오르며, 겉으로는 부드럽고 수줍지만 내면에는 강한 자존과 생명력이 흐른다.

　을목은 유연한 풀이나 덩굴 같은 음목이고, 해수는 바다와 같은 깊이를 지닌 수기로, 이들의 만남은 부드러운 가지가 깊은 물에 뿌리를 내린 형상이다. 이들은 단숨에 드러나지 않으며, 조용한 사색과 섬세한 관찰을 통해 자기만의 방식으로 피어난다.

　《수련》이 단순한 정물화가 아니라 빛과 물, 생명의 교차를 포착하듯, 을해일주 또한 현실과 감정, 이성과 감성을 절묘하게 통합한다. 많은 말을 하지 않아도 마음을 전할 줄 알고, 타인의 슬픔에 조용히 귀 기울이며 공감의 다리를 놓는다. 이들의 고요함은 종종 외로움으로 보이지만, 그 안엔 오래 견디는 힘과 따뜻한 사랑이 숨겨져 있다.

　수련이 진흙 속에서 피어나듯, 을해일주는 삶의 고요한 심연에서 피어나는 진심과 아름다움을 지닌다. 그들은 조용하지만 결코 약하지 않으며, 말보다 마음으로 세상을 감싸는 존재다. 모네의 《수련》처럼, 을해일주의 삶은 고요 속의 깊이, 침묵 속의 생명으로 우리 곁에 잔잔한 감동을 남긴다.

• 을해일주의 소통 •
부드러운 물결처럼, 조용히 마음을 적시는 말

───◈◈◈───

　을해일주의 소통은 마치 잔잔한 강물처럼 조용하고 부드럽지만, 그 안에는 깊은 감정과 섬세한 배려가 담겨 있다. 을은 유연한 풀, 해는 넓고 깊은 물로, 이들의 만남은 말보다 분위기와 기류로 소통하는 기질을 만든다. 말수는 적지만 상대의 말 한마디, 표정, 억양까지 민감하게 감지하며 조용히 반응한다.

　을해일주는 빠른 응답보다 천천히 건네는 진심을 선호하고, 말보다 태도로 공감과 지지를 표현한다. 이들의 언어는 부드럽고 조심스러워 갈등을 피하고, 말끝에도 배려가 묻어난다. 감정을 잘 드러내지 않아 오해받기도 하지만, 그것은 상처를 줄이기 위한 조용한 배려다. 대화보다는 눈빛, 침묵, 편지처럼 여운 있는 방식으로 진심을 전하는 데 능하다. 친밀한 관계에선 훨씬 따뜻하고 정감 있는 표현이 나온다.

　말 한마디보다는 말투와 눈빛, 그 자리에 함께하는 온기로 마음을 감싼다. 을해일주의 소통은 격하지 않지만 오래 남으며, 느리게 다가와 깊게 스며든다. 그것이 곧, 조용한 강물 같은 을해일주의 언어다.

• 을해일주의 타고난 소질과 삶의 방향성 •
감성과 직관, 치유와 예술의 세계

―◆◈◆―

　을해일주는 타고난 감수성과 공감 능력 덕분에 예술과 인문, 치유의 영역에서 자연스럽게 빛난다. 음악이나 미술, 디자인처럼 감정의 결을 섬세하게 다루는 분야에서 자신의 내면을 표현할 줄 알며, 타인의 감정에도 민감하게 반응한다.

　상담, 심리치료, 교육과 같은 직업에서는 사람의 마음을 이해하고 어루만지는 능력으로 신뢰를 얻는다. 이들은 말보다는 분위기와 표정, 침묵 속의 언어를 더 잘 읽으며, 지식보다는 감각, 권위보다는 진심을 따른다. 형식적인 틀보다는 자기만의 리듬과 직관을 중시하며, 고정된 규범보다는 유연한 해석을 통해 삶을 바라본다.

　을해일주의 삶에는 늘 예술성과 감정의 리듬이 흐르고 있으며, 이들은 그 흐름을 언어가 아닌 느낌으로 포착하는 사람들이다. 그러므로 직업 선택에 있어서도 안정성과 수입보다는 의미와 감정적 충족을 중요하게 여긴다. 자신이 일하는 공간이 조화롭고 미적으로 정돈되어야 일의 능률도 높아진다. 이들은 '느낌이 맞아야' 움직이며, 일에서도 관계에서도 감정적 동기가 결정적인 역할을 한다.

　모네가 《수련》 연작을 통해 하루하루 다른 빛의 결을 담았듯, 을해일주도 단조롭지 않은 감정의 파도를 삶과 일에 녹여 낸다. 이들의 손에서 탄생하는 결과물은 고요하지만 깊고, 부드럽지만 단단하다. 바로 그것이 을해일주의 일하는 방식이며, 세상과 교감하는 방식이다.

을유일주:
선명한 선율 위의 질서, 자유를 연습하는 삶

●●●●●

앙리 마티스, 《춤(La Danse)》

• 을유일주의 상 •
유려한 곡선 속의 긴장, 색과 선의 절제된 춤

 을유일주는 앙리 마티스의 명작 《춤(La Danse)》처럼, 자유로운 곡선 속에 절제된 긴장을 품은 존재다. 그림 속 붉은 인물들은 손을 맞잡고 원을 이루며 춤을 추지만, 그 움직임은 단순한 유희가 아니다. 어떤 이는 중심을 잃을 듯 휘청이고, 어떤 이는 손끝으로 간신히 연결되어 있다. 마티스는 이 작품을 통해 인간의 자유와 본능, 연결과 불균형, 감정과 리듬이 교차하는 삶의 구조를 표현했다.

 을유일주의 삶 역시 그러하다. 부드럽고 유연한 을목은 감성적으로 흐르지만, 유금의 날카로운 긴장감이 그 흐름에 질서를 부여한다. 을유일주는 자신의 내면에서 일어나는 감정의 파동을 단순히 따라가지 않는다. 그것을 조율하고, 정리하고, 연출하려 한다. 그들은 삶을 춤추듯 살아간다. 보이지 않는 무대 위에서 자신만의 선을 만들고, 자신만의 음악을 들으며, 연결과 거리, 유연함과 긴장 사이에서 절묘한 균형을 잡는다.

 마티스의 《춤》이 감정의 해방이자 구조의 극치인 것처럼, 을유일주는 절제된 아름다움 속에서 자신만의 리듬을 완성해 가는 사람이다. 그들에게 삶은 단지 살아가는 것이 아니라, 어떻게 조화롭게 움직일 것인가를 끊임없이 연습하는 하나의 춤이다.

• 을유일주의 소통 •
조심스러운 말에 깃든 단정한 배려, 정제된 진심의 언어

    을유일주의 소통은 조용하고 부드럽지만, 단정한 자존과 책임이 깃든 품격 있는 말의 방식이다. 을은 유연한 음목으로 타인의 기류를 섬세하게 읽고, 유는 금의 기운으로 말의 질서와 절제를 상징한다.

    이들은 말을 하기 전에 여러 번 생각하고, 표현할 때는 단어 하나도 정제하여 전달한다. 감정을 말할 때도 직접적이기보다 조율된 어조로 부드럽게 표현하며, 말의 여운과 구조까지 세심하게 다듬는다. 대화는 친밀함보다는 존중과 예의의 틀 안에서 이루어지고, 쉽게 속내를 드러내지 않지만 한번 꺼낸 말은 깊이 남는다.

    듣는 자세 또한 신중하며, 말 사이의 공백과 분위기까지 읽어 내는 민감한 감각을 지닌다. 끼어들지 않고, 침묵을 허용하며, 조용한 방식으로 공감과 반응을 전달한다. 가까운 관계에서는 따뜻하고 세련된 유머와 정중한 배려가 드러난다. 말보다는 태도와 실천으로 마음을 전하며, 꾸준한 응답으로 신뢰를 쌓는다.

    을유일주의 소통은 즉흥보다 구조, 소란보다 품격, 감정보다 정제를 선택한다. 정제된 말은 차갑지 않고, 그 속엔 따뜻한 진심이 있다. 마치 단정히 눌러 쓴 편지처럼, 을유일주의 말은 조용히 깊게 스며든다.

• 을유일주의 타고난 소질과 삶의 방향성 •
형식 속의 창의, 아름다움을 조직하는 사람

　을유일주는 섬세한 감각과 치밀한 사고력을 동시에 지닌 존재다. 예술가, 디자이너, 작가처럼 감성과 형태의 조화를 요구하는 직업에 잘 어울리며, 동시에 큐레이터, 심리상담사, 브랜드 기획자처럼 사람과 콘텐츠를 연결하고 조율하는 역할에도 강점을 보인다.

　이들은 단지 아름다움을 추구하는 데서 그치지 않고, 미적 감각을 실용적인 성과로 연결 짓는 능력을 지녔다. 영상, 출판, 편집, 연구, 패션, 뷰티 등 창의성과 정밀함이 공존하는 분야에서도 뛰어난 집중력을 발휘한다.

　감정에 치우치지 않으면서도, 감정의 흐름을 읽는 능력이 탁월하며, 이를 언어, 색채, 구조로 풀어내는 데 능하다. 마티스가 선과 색을 단순화하면서도 인물의 에너지와 리듬을 포착했듯, 을유일주 역시 복잡한 현실 속에서 핵심을 뽑아내는 통찰을 지닌 사람이다.

　이들은 자신만의 미학과 기준으로 세상을 해석하고, 그것을 질서있게 재구성해 낸다. 단순히 창조하는 것을 넘어서, 감정과 구조 사이의 균형을 통해 의미를 부여하고, 사람들의 감성을 움직이는 방식으로 세상과 소통한다.

을미일주:
타오르는 고요, 존재의 빛을 좇는 해바라기

빈센트 반 고흐, 《해바라기》

• 을미일주의 상 •
강렬한 햇살 속의 연약한 줄기, 해바라기의 고독

　을미일주는 빈센트 반 고흐의 《해바라기》처럼 강렬한 빛과 깊은 그늘을 동시에 품은 존재다. 해바라기가 태양을 향해 피어나듯, 을미일주는 타인을 향해 밝게 열려 있지만, 그 안에는 섬세하고 복합적인 감정이 겹겹이 쌓여 있다. 빈센트 반 고흐의 해바라기가 노란색 하나로만 그려지지 않듯, 을미일주의 정서도 단일하지 않고, 따뜻함과 고독이 공존한다.

　을목은 유연하지만 꺾이지 않는 생명력이고, 미토는 복잡한 감정의 땅이다. 고흐가 해바라기를 반복해 그렸던 이유처럼, 을미일주는 자기 내면을 끝없이 돌아보고 정리하며 사색한다. 이들은 타인의 감정을 잘 읽고 공감하지만, 자신의 아픔은 조용히 감내한다. 친절한 말과 따뜻한 눈빛 뒤에는 고요한 사색이 흐르고 있다. 삶을 향한 태도는 부드럽지만, 그 뿌리는 깊고 단단하다.

　을미일주의 삶은 찬란하면서도 묵직하며, 빈센트 반 고흐의 《해바라기》처럼 시들어도 다시 피어나는 순환의 힘을 지닌다. 그들의 감정은 소리 없이 울리고, 존재는 조용히 마음에 남는다.

• 을미일주의 소통 •
감정을 읽고, 마음으로 건너가는 다리

　을미일주의 소통은 부드럽고 따뜻하며, 말보다 정서와 분위기를 먼저 읽는 섬세한 감각에서 비롯된다. 을목은 가는 가지처럼 조심스럽고, 미토는 포근한 대지처럼 타인의 감정을 품는다. 이들은 말을 아껴 쓰고, 표현은 간접적이며, 상대의 마음에 흠집 나지 않도록 세심하게 다듬는다. 말투엔 완곡함이 깃들고, 관계에는 항상 여백을 둔다.

　먼저 다가가진 않지만, 다가온 이에게는 결코 차갑지 않다. 말보다는 공감으로 소통하며, 상대의 말 속 정서를 내면에서 깊이 받아들인다. 이런 성향은 이들을 훌륭한 상담자나 조언자로 만든다. 다정하지만 감정의 경계를 지키고, 기준이 흔들리면 조용히 물러난다. 부드럽지만 단정한 자기만의 질서를 지니고 있어, 말 없는 침묵으로 감정을 표현하기도 한다.

　을미일주의 대화는 주장이 아니라 흐름을 따르는 소통이며, 말보다 온기로 관계를 맺는다. 이들은 언어 이전의 교감과 말 사이의 정서를 통해 사람을 위로한다. 결국 을미일주의 소통은 조용하지만 깊게 스며드는 감정의 언어다.

• 을미일주의 타고난 소질과 삶의 방향성 •
예술, 치유, 감정의 언어로 살아가는 사람

    을미일주는 감성과 직관, 섬세한 관찰력과 깊은 공감 능력을 모두 갖춘 존재다. 이들은 사람의 마음을 읽는 데 능하며, 타인의 감정에 세심하게 반응할 수 있는 민감함을 지녔다. 이러한 특성은 예술과 상담, 교육, 치유의 영역에서 빛을 발한다. 특히 시각예술이나 글쓰기, 디자인 등에서는 내면의 감정을 상징과 이미지로 섬세하게 표현할 수 있는 탁월한 능력이 돋보인다.

    반 고흐가 자신의 고독과 열정을 붓질 하나에 담아냈듯, 을미일주도 말보다 형상, 이성보다 감성으로 자신을 드러낸다. 심리학, 교육학, 철학 등 사람의 본질을 탐색하는 분야에서도 강점을 가지며, 타인의 상처를 이해하고 어루만지는 능력이 뛰어나다. 이들은 리더로서 자신을 드러내는 게 아니라, 조용한 영향력을 통해 공동체를 따뜻하게 만든다.

    겉으로는 수줍고 조용하지만, 내면에는 창조적 불꽃이 살아 숨 쉬고 있다. 특히 치유와 성장, 변화의 과정에 깊은 관심을 갖고, 사람을 돌보는 일을 통해 삶의 의미를 발견한다. 마치 빈센트 반 고흐의 해바라기가 빛을 갈망하면서도 그늘을 견디는 꽃이듯, 을미일주는 빛과 어둠을 모두 이해하고 포용할 수 있는 사람이다. 그들은 무대 중앙에 서지 않아도, 자신의 방식대로 세상에 조용한 울림을 남긴다.

을사일주:
바람을 타는 꽃잎, 생의 리듬 위에 춤추는 존재

오귀스트 르누아르, 《물랭 드 라 갈래트의 무도회》

• 을사일주의 상 •
햇살 속의 춤, 생의 빛을 흩뿌리는 바람결

　을사일주는 오귀스트 르누아르의 《물랭 드 라 갈래트의 무도회》처럼 햇살과 웃음이 넘실대는 무도회장의 생기를 닮은 존재다. 부드러운 을목과 따스한 사화의 조합은 경쾌한 리듬 속에 내면의 고요함을 품은 인물상을 만든다. 르누아르의 화폭 속 인물들이 미소 속에 각자의 삶을 안고 있듯, 을사일주도 다정한 분위기 속에 복잡한 정서를 감춘다.

　무도회의 소란 속에도 은근한 고독이 배어 있듯, 이들도 유쾌함과 사유를 동시에 지닌다. 사회적 감각이 탁월하고 규범 안에서 자연스럽게 스며드는 이들은, 자유를 추구하면서도 타인의 시선을 감각적으로 조율한다. 정적인 고요보다 유동적 흐름에 익숙하며, 강하게 이끄는 대신 부드럽게 리드한다. 그들의 웃음은 가볍지 않고, 그들의 침묵은 공허하지 않다.

　을사일주는 보여 주기보다 살아 내기에 집중하는 인생의 춤꾼이다. 햇살이 스치는 드레스 자락처럼 순간을 예술로 바꾸는 감각을 지녔다. 이름 없이도 빛나는 삶, 그것이 을사일주의 고유한 리듬이다.

· 을사일주의 소통 ·
예민한 감정의 결을 타고 전해지는 미세한 언어

―――◆―――

을사일주의 소통은 마치 햇살이 실 위를 흐르듯 섬세하고 조심스럽다. 을목의 유연함과 사화의 예민한 감각이 만나, 이들은 빠르게 감지하되 부드럽게 반응한다. 말보다 표정, 분위기를 먼저 읽으며, 직선적인 표현보다는 곡선처럼 완곡하게 말한다. "화났다"보다는 "조금 생각이 필요해"라 말하며, 감정을 숨기기보다 관계를 지키려는 배려가 우선이다.

말을 꺼내기까지 머릿속에서 수차례 시뮬레이션을 돌린다. 그래서일까? 말하기 전 이미 지쳐 있을 때도 있다. 감정이 격해지는 상황은 피하고, 때로는 말 대신 침묵으로 거리를 둔다. 그럼에도 을사일주의 말은 은유와 여운이 깊어, 짧은 말 한마디에도 진심이 실린다. 찻잔을 건네는 행동 하나에도 따뜻한 마음이 담긴다.

이들의 언어는 단어보다 분위기와 행동에 스며들며, 말없이도 깊이 연결된다. 느리고 조심스러워 보여도, 누구보다 빠르게 감지하고 고민한 후에 표현하는 방식이다. 그들의 소통은 곧 삶의 태도이며, 감정을 지키고 관계를 존중하는 예술이다.

• 을사일주의 타고난 소질과 삶의 방향성 •
예술, 미디어, 교육, 소통의 세계

─────◈◈◈─────

　을사일주는 예술적 감수성과 정서적 공감 능력을 동시에 지닌 사람이다. 이들은 색채와 형태, 분위기를 직관적으로 감지하며, 이를 감각적인 표현으로 옮기는 재능이 있다. 회화, 음악, 글쓰기, 연기, 디자인, 영상 등 창작이 요구되는 모든 분야에서 두각을 나타낼 수 있으며, 감정의 결을 세밀하게 다룰 줄 아는 그들은 관객이나 청중과 깊은 정서적 교감을 만들어 낸다. 르누아르가 일상의 찰나를 빛과 생기로 포착했듯, 을사일주도 삶의 순간을 섬세하게 포착해 낼 수 있다.

　이들은 단순히 아름다움을 구현하는 것이 아니라, 감정과 스토리를 설득력 있게 전달한다. 예술뿐 아니라 상담, 교육, 커뮤니케이션, 콘텐츠 기획, 문화기획, 마케팅 등 사람과의 정서적 연결이 중요한 분야에서도 능력을 발휘한다. 타인의 감정에 민감하며, 그 흐름을 읽어 내고 조율하는 데 타고났다. 자기만의 미감이 뚜렷하고, 남들과 다른 감각을 통해 새로운 흐름을 만들어 가는 창조자이자 소통자다.

　표현 욕구와 공감 능력이 균형을 이루며, 특히 개성 있는 스타일과 메시지를 담은 브랜딩 작업에 강하다. 조직 안에서는 조율자이자 분위기 메이커로 기능하며, 독립적으로 활동할 땐 예술가, 작가, 창작자로 깊은 몰입과 성취를 이룬다. 이들은 언제나 무대 위든 뒤든, 감정과 미를 이어 주는 매개자로 살아간다.

을묘일주:
바람에 흔들리되 꺾이지 않는 생명의 선율

빈센트 반 고흐, 《오베르의 녹색 밀밭》

• 을묘일주의 상 •
초여름 바람에 물결치는 밀밭, 유연한 생명력의 초상

　을묘일주는 빈센트 반 고흐의 《오베르의 녹색 밀밭》처럼 조용한 풍경 속에서도 강인한 생명력을 드러내는 존재다. 그림 속 밀밭은 바람에 따라 유연하게 흔들리지만, 결코 쓰러지지 않는다. 그것이 을묘일주의 본질이다. 을목은 가늘고 섬세하지만, 제자리를 지키는 끈질긴 뿌리를 가지고 있고, 묘는 초록이 무르익는 생명의 절정이다.

　이 일주는 겉으론 유순하지만 내면은 단단하며, 부드러운 고집으로 자신만의 길을 걷는다. 빈센트 반 고흐의 밀밭이 정지된 듯 보이지만, 실제론 꿈틀거리는 생명과 감정의 흐름이 있는 것처럼, 을묘일주도 조용한 겉모습 뒤에 깊은 열망과 감성을 품고 있다. 말보다 표정과 행동으로 소통하고, 삶의 틈에서 의미를 찾아내는 눈을 가졌다. 예술, 교육, 상담처럼 섬세한 공감과 통찰이 필요한 영역에서 두각을 나타낸다.

　빈센트 반 고흐의 색감처럼 이들의 시선은 따뜻하고 포용적이며, 세상의 미묘한 떨림에 귀 기울인다. 을묘일주는 흔들리는 것을 두려워하지 않는다. 오히려 흔들림을 통해 뿌리를 더 깊게 내리고, 삶을 단단히 살아 낸다. 이들은 고요한 풍경 속에서도 존재의 울림을 남기는 사람이다.

• 을묘일주의 소통 •
봄바람처럼 부드럽고, 눈빛으로 말하는 섬세한 언어

　을묘일주의 소통은 봄바람처럼 조용하고 섬세하다. 을목의 유연함과 묘목의 감수성이 만나, 말보다 분위기를 먼저 읽고 감정을 조심스레 다듬어 전한다. 이들은 말을 아끼지만 꼭 필요한 순간에 적절한 언어로 상대를 위로하며, 강한 표현 대신 부드러운 언어로 여운을 남긴다.

　말투는 조율되어 있고, 표정과 분위기로 감정을 전하며, 결코 불편함을 주지 않는다. 갈등 상황에서도 감정을 폭발시키기보다 조용한 정리와 배려로 상황을 수습한다. 그들의 언어는 형태와 감정이 조화를 이루며, 행간과 여백으로 마음을 전하는 방식이다. 말수가 없어 보일 수 있지만, 실은 깊은 감정과 공감 능력이 깃들어 있다.

　말없이 건네는 차 한 잔, 조용한 미소, 가만히 있어 주는 태도 속에서 이들의 진심이 드러난다. 친밀한 관계에서는 더욱 따뜻하고 유연하게 소통하며, 말의 수보다 말의 감도를 중요시한다. 을묘일주의 소통은 정보가 아니라 정서를 건네는 예술이며, 조용하지만 오래도록 마음에 남는다.

• 을묘일주의 타고난 소질과 삶의 방향성 •
감성과 분석의 조화, 조율자 · 예술가 · 기획자

　을묘일주는 감성과 이성이 절묘하게 교차하는 기질을 지니고 있다. 감정의 미세한 흐름을 포착하면서도, 그것을 실용적인 언어로 조직화하는 능력이 뛰어나 예술과 기획의 접점에서 빛을 발한다. 문학, 심리상담, 교육, 콘텐츠 제작, 디자인, 마케팅, 퍼스널 브랜딩 등 사람의 마음과 표현이 만나는 모든 영역에서 높은 성과를 기대할 수 있다.

　특히 감정을 시각화하거나 서사화하는 능력이 뛰어나, 글쓰기나 색채예술, 힐링 콘텐츠 분야에서 탁월한 역량을 발휘한다. 타인의 감정을 섬세하게 읽고 해석하는 공감력 덕분에 상담과 치유 분야에도 잘 어울린다.

　또한 조직 내에서는 관계의 중재자이자 조율자로 활약하며, 갈등을 완화하고 분위기를 안정시키는 능력이 뛰어나다. 하지만 근본적으로는 독립성이 강하고, 자신의 감정과 리듬을 존중받는 환경에서 가장 큰 성취를 이룬다. 협업보다 자기 스타일을 유지할 수 있는 창작형 직업군에서 진가를 발휘하며, 감성과 지성이 만나는 교차점에서 새로운 가치를 창출한다.

　을묘일주의 이러한 성향은 마치 바람결에 흔들리되 꺾이지 않는 밀밭처럼, 부드러움 속에서도 단단한 중심을 갖춘 존재감을 드러낸다.

PART 3

태양, 밝음과 생동감, 나를 세상에 드러내는 불꽃

병
(丙)

병화는 한낮의 태양처럼 찬란하고 뜨겁다.

생명이 깨어나는 시간, 모든 사물이 또렷이 드러나는 빛의 절정. 병화(丙火)는 어둠을 밀어내고, 숨어 있는 것들을 바깥으로 이끌어 낸다. 그것은 단순한 밝음이 아니다. 병화의 빛은 세상에 생기를 불어넣고, 사람을 향해 따뜻한 손을 내민다. 병화는 주저하지 않는다. 자신을 드러내고 표현하며, 세상 속으로 달려들며 살아가는 힘. 그 뜨거움은 삶에 활력을, 관계에 온기를 불어넣는다.

병화는 외향적이고, 솔직하며, 자신의 감정을 감추지 않는다.

감정이 크고 열정이 강한 만큼, 병화는 어떤 일에서도 중심이 되려 한다. 그 중심은 때로는 이끌기 위한 것이고, 때로는 사랑받고자 하는 욕망의 표현이기도 하다. 병화는 그만큼 존재 자체가 주목을 끌며, 어떤 상황에서도 가만히 있지 않는다. 이들은 빛처럼 퍼지며, 사람들에게 영향력을 미친다. 그 영향은 긍정일 수도, 과잉일 수도 있지만, 결코 무기력하지 않다.

그러나 빛이 강할수록 그림자도 깊어진다.

병화는 외로움을 쉽게 말하지 않고, 자신의 슬픔을 감추려 한다. 남들에게 웃음을 주면서도, 자신은 안으로 타들어 간다. 그 밝음 뒤엔, 누군가를 지키고 싶은 마음이 있고, 세상을 데우고 싶은 책임감이 있다. 병화는 혼자 타오르면서도, 함께 타오르길 원하는 불꽃이다. 그래서 병화는 따뜻하고도 쓸쓸한 존재다.

병화라는 빛을 품은 여섯 명의 사람들을 따라가 보자.

그들은 에드바르트 뭉크의 《태양》처럼 압도적인 에너지를 뿜어내기도 하고, 호쿠사이의 《후지산》처럼 정점을 향해 나아가는 의지를 보여 주기도 한다. 이들의 삶은 찬란한 광채만큼이나, 그 이면의 뜨거운 고독까지 함께 담겨 있다. 병화라는 태양이 사람 안에서 어떻게 타오르며, 어떤 색으로 주변을 물들이는지를 함께 들여다보자.

병인일주:
새벽의 태양처럼, 어둠을 뚫고 솟아나는 존재

클로드 모네, 《인상: 해돋이》

• 병인일주의 상 •
물안개 속에서 떠오르는 태양, 시작을 밝히는 빛

―◆◆◆―

물안개 자욱한 새벽, 수면 위로 떠오르는 붉은 태양. 클로드 모네의《인상: 해돋이》는 병인일주의 내면을 가장 은유적으로 보여 준다. 병화는 어둠을 뚫고 떠오르는 태양의 빛이며, 인목은 추위를 뚫고 돋아나는 생명의 싹이다. 이들이 만나는 병인일주는 아직은 흐릿하지만 결코 꺼지지 않는 불빛, 세상보다 먼저 깨어나는 존재다.

《인상: 해돋이》의 빛처럼 이들의 열정은 강렬하되 조용하고, 선명하진 않지만 명확한 방향성을 지닌다. 병인일주는 세상이 알기 전부터 자신이 될 존재를 알고 있고, 그 확신은 누구의 인정을 기다리지 않는다. 이들은 내면의 직관을 따라 삶을 개척하며, 그 길은 늘 새벽처럼 시작과 변화의 발걸음을 이끈다.

모네가 인상주의의 새 지평을 열었듯, 병인일주는 시대보다 먼저 감각하고 먼저 움직이며 새로운 리듬을 만든다. 그들의 불은 삶의 안개를 가르고, 자기 존재의 온기로 세상을 비춘다. 빛과 안개, 확신과 흔들림이 공존하는 삶이지만, 그 복합성 속에 단단한 의지가 숨 쉰다. 병인일주는 말한다. "나는 아직 흐릿하지만, 이미 시작되었다." 그것이 그들의 존재 방식이다.

• 병인일주의 소통 •
설득과 공감 사이를 걷는 따뜻한 소통의 달인

병인일주의 소통은 안개 낀 새벽을 뚫고 떠오르는 햇살처럼 따뜻하면서도 절제된 정서 지능을 지닌다. 병화의 밝고 포근한 기운과 인목의 강인한 생명력이 어우러져, 말보다는 감정의 흐름을 먼저 읽는 공감형 소통을 실천한다.

이들은 먼저 다가가기보다는 상대의 마음을 조용히 살피고, 분위기를 부드럽게 만드는 감각이 탁월하다. 말의 온도와 결에 민감해, 한마디에도 따뜻한 배려와 섬세한 사유가 담겨 있다. 병화의 빛처럼 설득력과 중심도 분명히 지니며, 부드러운 리더십으로 대화를 이끌 줄 안다. 감정 표현은 명확하고도 유연하여, 복합적인 마음을 고운 언어로 정리해 전달하는 능력이 뛰어나다.

그러나 감정 충돌을 피하려는 조심성이 있어, 말과 침묵 사이에서 스스로 조율하는 시간이 필요하다. 중요한 이야기를 꺼낼 때는 특히 신중하며, 말의 여운과 잔향까지 헤아리는 사람이다. 그들은 말의 수보다 말의 깊이를 중시하며, 대화의 목적보다 관계의 온기를 먼저 살핀다. 병인일주의 소통은 공감과 명료함, 따뜻함과 단단함이 조화를 이루는 정서의 예술이다.

• 병인일주의 타고난 소질과 삶의 방향성 •
예술, 교육, 리더십 분야의 창의적 실천가

병인일주는 타고난 창조성과 신념의 불꽃을 지닌 존재로, 세상에 자신의 생각과 감정을 독창적으로 표현하려는 욕구가 강하다. 병화의 밝고 직접적인 에너지는 강한 자기 확신과 함께 말과 글, 이미지, 행동을 통해 세상을 움직이는 힘으로 발현된다. 인목은 이 에너지를 지탱해 주는 생명의 뿌리로, 깊은 사유와 원칙을 함께 품고 있다. 이들은 단순히 감각적인 것에 머물지 않고, 미적 표현 속에 메시지를 담고자 하며, 한 편의 강연이나 글에서도 철학과 감정을 함께 전한다.

교육, 강연, 예술, 정치, 콘텐츠 기획, 상담 등 사람을 움직이는 말과 메시지가 중요한 직업에서 두각을 드러내며, 감성뿐 아니라 구조와 논리를 동시에 갖춘 말재주와 표현력으로 타인을 설득한다. 병인일주는 빛이 부족한 곳에 태양을 비추듯, 세상의 모호한 틈에 자신만의 시선을 들이밀어 새로운 가능성을 비춘다. 클로드 모네가 해무 속에서도 해돋이의 빛을 포착했듯, 이들은 세상에 드러나지 않은 아름다움과 의미를 발견해 내는 감각을 타고났다.

정적인 공간에서도 에너지를 만들고, 침묵 속에서도 메시지를 전하는 존재. 병인일주는 단순한 직업인이 아니라, 자기 삶을 통해 끊임없이 '의미'를 창조하고자 하는 예술가적 사명을 품은 사람이다.

병자일주:
촛불을 든 태양, 고요한 긴장 속의 존재

가쓰시카 호쿠사이, 《후지산》

• 병자일주의 상 •

물 위에 떠 있는 태양, 혹은 설산을 비추는 불

 병자일주는 찬란한 햇살과 차가운 물이 공존하는 존재로, 가쓰시카 호쿠사이의 《후지산》처럼 빛과 그림자가 절묘하게 얽힌 생을 산다. 병화는 타오르는 의지와 자존의 불빛이며, 자수는 깊고 냉철한 감정의 수면이다. 이 상반된 기운의 긴장 속에서 병자일주는 조용한 강인함과 내면의 복잡한 반목을 동시에 품는다.

 호쿠사이의 《후지산》은 이들의 본질을 그려 낸 상징으로, 고요한 산과 그 위를 비추는 섬세한 빛의 대비는 병자일주의 성향과 닮아 있다. 겉으론 온화하지만 내면은 격렬하고, 따뜻해 보이지만 정서의 깊은 골을 품고 있다. 이들은 세상과 자신을 늘 두 방향에서 관찰하면서, 밝음과 어둠 사이를 오가며 자아를 정립한다.

 병자일주는 단순한 낙관주의자도, 냉소적 현실주의자도 아니다. 빛 속에서 어둠을 읽고, 어둠 속에서도 온기를 잃지 않는 성찰의 존재다. 호쿠사이의 《후지산》처럼 이들은 단단한 침묵 위에 조용한 열정을 얹고, 그 경계에서만 가능한 감수성과 창조성을 빚어낸다. 결국 병자일주는 태양과 겨울이 만나는 지점에서, 조화롭지 않기에 더 아름다운 생을 살아가는 사람이다.

• 병자일주의 소통 •
침묵 속의 진심, 말보다 여운이 깊은 사람

───※───

   병자일주의 소통은 단순한 말이 아니라 감정의 결을 따라 흐르는 정서적 대화에 가깝다. 병화의 밝고 따뜻한 기운과 자수의 깊고 조용한 성향이 뒤섞여, 겉은 유쾌하지만 속은 신중하고 섬세하다. 이들은 말보다 여운과 분위기를 더 중시하며, 감정을 읽고 조율하는 능력이 뛰어나다.

   쉽게 다가가되 경계는 지키고, 따뜻한 말 속에도 자신만의 침묵을 숨긴다. 말의 내용보다 그 말이 어떻게 들릴지를 먼저 생각하며, 말보다 표정이나 눈빛으로 더 많은 것을 전달한다. 타인의 감정을 잘 어루만지지만, 자신의 진심은 늦게 꺼내며 조용히 감당한다. 말할 사람은 많아도 진심을 털어놓을 상대는 드물다고 느끼기도 한다. 그래서 병자일주의 대화는 처음엔 부드럽지만, 갈수록 그 내면을 더 알고 싶게 만든다. 그들은 분위기를 이끄는 사람인 동시에 말 없는 청자로도 잘 머문다.

   대화를 정보의 전달이 아닌 정서의 공유라 느끼는 그들은 표현보다는 감정의 파장을 더 소중히 여긴다. 병자일주의 소통은 이처럼 태양처럼 따뜻하고, 강물처럼 깊으며, 안개처럼 은근한 여운을 남긴다. 눈빛과 침묵 속에서 전해지는 이들의 말은, 조용한 진심이다.

• 병자일주의 타고난 소질과 삶의 방향 •

철학자, 예술가, 전략가

―――◈―――

병자일주는 사유의 깊이와 창조적 감각을 동시에 지닌 존재로, 정적인 학문과 감성적 예술의 경계에서 빛나는 유형이다. 철학, 심리학, 종교학 같은 존재론적 질문을 다루는 분야는 물론, 과학, 수학, 기획, 전략 같은 분석적 영역에서도 두각을 나타낸다. 단순한 반복이나 외향적 퍼포먼스보다는, 구조를 세우고 그 안에 의미를 불어넣는 일을 선호한다.

병화의 태양은 단순한 열이 아닌 사유의 불꽃이며, 자수는 그 생각을 오래도록 붙들 수 있는 집중력과 내적 깊이를 상징한다. 병자일주는 타인의 시선보다 자기 기준에 따라 움직이며, 대중성보다는 본질을 추구한다. 예술가로는 독창적인 세계관을 가진 작가, 철학자, 혹은 감정을 이론으로 승화시키는 심리상담가, 교육자, 콘텐츠 기획자 등에서 잠재력을 보인다.

특히 인생 후반으로 갈수록 더욱 깊어지고 단단해지는 성향이 강하며, 짧은 성취보다 지속 가능한 성장을 중요하게 여긴다. 호쿠사이가 여든을 앞두고도 "진짜 그림은 아직 시작도 안 했다."고 말했듯, 병자일주는 나이를 먹을수록 자기 분야에서 더 깊은 꽃을 피운다. 고요한 듯 뜨거운 이들의 직업 세계는, 내면의 지혜와 표현의 열정이 만나는 장소다.

병술일주:
폭풍 전의 빛, 고요한 열정의 수평선

J.M.W. 터너, 《모틀레이크 테라스, 폭풍이 오기 전》

• 병술일주의 상 •
대지를 비추는 마지막 햇살, 긴장과 정적의 경계

　병술일주는 마치 J.M.W. 터너의 《모틀레이크 테라스, 폭풍이 오기 전》처럼, 고요한 풍경 속에 격렬한 에너지를 품고 있는 존재다. 병화의 태양은 찬란하지만, 술토의 대지는 마른 가을처럼 침착하고 절제되어 있어, 병술일주는 늘 내면의 균형과 긴장 속에 살아간다. 그들은 겉으로는 온화하지만, 내면 깊은 곳엔 확신과 추진력이 숨겨져 있어, 조용한 침묵 속에서도 생의 열정을 잃지 않는다.

　터너의 그림 속 빛이 폭풍 전의 정적처럼 긴 여운을 남기듯, 병술일주도 말보다 태도, 결과보다 과정에서 삶의 의미를 찾는다. 그들은 감정보다 질서를 중시하며, 격정보다는 품격 있는 마무리를 선택하는 사람들이다. 무언가를 결정하기 전까지는 오래 머뭇거리지만, 결단 후에는 흐트러짐 없이 묵직하게 밀고 나간다.

　병술일주의 불은 겉이 아닌 속에서 천천히 타오르며, 눈에 띄지 않아도 잦아들지 않는 강인함을 품고 있다. 이들은 타인을 무리하게 끌지 않으며, 주변을 따뜻하게 비추되 스스로는 늘 절제된 채로 머문다. 조용한 사람이지만, 그 침묵은 빈 것이 아니라 말보다 더 많은 것을 품고 있다.

　삶을 빠르게 살아 내기보다는 깊이 있게 살아가려 하며, 시간 속에 천천히 각인되는 존재다. 결국 이들은 폭풍 전의 정적처럼, 고요하지만 강력한 기운을 품은 자들이다. 터너의 황혼빛 풍경처럼, 병술일주는 사라지는 것이 아니라 다음을 준비하는 사람이다.

• 병술일주의 소통 •
말보다 태도, 침묵 속의 온기

　병술일주의 소통은 마치 해 질 무렵의 빛처럼 조용하고 따뜻하지만, 어딘가 쓸쓸한 기운을 머금고 있다. 병화의 밝음은 술토의 절제된 대지 위에서 낮고 깊게 퍼지며, 말보다 마음의 결을 따라 흐른다.

　이들은 말이 많지 않지만, 단어 하나에도 깊은 의미를 담아 전하며, 말하지 않음으로써 오히려 더 큰 진심을 전달한다. 말을 통한 감정의 표현보다는 태도와 시간으로 마음을 드러내며, 조용한 배려로 소통한다. 신뢰가 쌓인 이후에야 감정을 꺼내는 병술일주는, 처음엔 무심해 보일 수 있지만 시간이 흐를수록 깊이 있는 말의 사람으로 인식된다.

　그들의 말에는 항상 신중함과 정서적 책임이 깃들어 있고, 격한 감정보다는 조율된 침묵을 택한다. 그래서 집단 내에서 갈등을 중재하거나 분위기를 안정시키는 역할에 잘 어울린다. 다만 이런 침묵과 절제가 때로는 무심함으로 오해받기도 하며, 자신을 숨기다 감정이 억눌릴 수도 있다. 말로 감정을 표현하는 연습이 필요한 이유다.

　그럼에도 이들은 말의 양보다 무게를 알고, 대화의 여백을 따뜻함으로 채우는 사람들이다. 화려한 언변보다 믿음직한 침묵으로, 서두르지 않지만 오래 남는 신뢰를 만들어 간다. 병술일주의 소통은 강렬한 주장보다 부드러운 설득이며, 일시적 열정보다는 지속 가능한 힘이다. 그래서 그들의 소통은 말보다 진심, 표현보다 여운으로 이어지는 깊은 연결이다.

• 병술일주의 타고난 소질과 삶의 방향성 •
구조를 설계하는 자, 책임의 예술가

　병술일주는 책임감과 질서의 에너지를 바탕으로 행정, 조직운영, 교육, 연구, 공공 리더십 분야에서 뛰어난 역량을 발휘한다. 이들은 단순히 지시를 따르는 것이 아니라, 구조와 시스템을 이해하고 그것을 개선하려는 의지가 강하다. 판단력과 통찰력이 조화를 이루며, 복잡한 문제를 정리하고 해결하는 데 능하다. 동시에 예술, 문학, 건축, 디자인처럼 정신성과 형식을 동시에 요구하는 분야에서도 탁월한 감각을 보인다.

　병술일주는 감정을 앞세우지는 않지만, 감정의 구조를 꿰뚫는 예리한 감수성을 갖추고 있다. 이들은 보이지 않는 흐름을 읽고, 그것을 언어화하거나 시각화하는 능력이 뛰어나다. 터너가 바람과 빛, 수증기의 움직임을 화폭에 담아낸 것처럼, 병술일주는 추상적인 개념과 감정을 현실적인 틀로 조직화할 줄 아는 사람이다. 그래서 단순한 창작자보다는 설계자, 기획자, 구조화된 리더로서의 기질이 강하다.

　이들의 일에는 늘 중심이 있고, 감정과 이성이 균형을 이룬다. 사회적 질서를 중시하면서도 고유한 창의성을 잃지 않는 점이 병술일주의 직업적 장점이다.

병신일주:
빛과 그림자 사이의 진실, 꿰뚫는 눈을 가진 자

조르주 드 라 투르, 《다이아몬드 에이스를 든 사기꾼》

• 병신일주의 상 •
은밀한 조명 아래 드러나는 이중성의 장면

　병신일주는 겉보기엔 조용하고 단정하지만, 내면에는 날카로운 통찰력과 정제된 이성이 자리한 사람이다. 병화의 빛과 신금의 냉철함이 만나, 병신일주는 밤의 명료함처럼 절제된 지성을 드러낸다. 조르주 드 라 투르의 《다이아몬드 에이스를 든 사기꾼》처럼, 병신일주는 고요한 표정 뒤로 모든 상황을 간파하고 계산하는 능력을 지녔다. 겉으론 무심한 듯 보여도, 속으론 끊임없이 상황을 해석하고 미래를 설계하는 사유의 사람이다.

　감정보다는 논리를 앞세우지만, 병화의 따뜻함은 내면에 살아 있어 관계 속에서 은은하게 빛난다. 그 빛은 감정을 쏟는 대신, 절제된 침묵과 간결한 행동으로 전달된다. 병신일주는 감정을 통제하는 감성가로, 섬세한 판단력과 함께 자신만의 윤리를 지켜 간다. 관계에서도 거리를 유지하며 질서를 중시하고, 말보다는 관찰과 분석으로 소통한다. 침묵은 이들의 무기가 되고, 행동은 전략이 된다.

　드 라 투르의 그림 속 인물처럼, 병신일주는 모든 것을 알면서도 드러내지 않으며, 결정적 순간에 가장 명확한 한 수를 둔다. 감정은 억제하는 것이 아니라 정제하는 것이며, 말보다 더 많은 것을 눈빛과 태도로 전달한다. 결국 병신일주는 묵묵하지만 날카로운 시선으로 세상을 읽고, 조용히 그러나 정확히 자기 길을 밝히는 존재다.

• 병신일주의 소통 •
날이 선 언어, 그러나 진심은 뜨겁다

  병신일주의 소통은 날카로운 금속 위로 햇살이 반짝이는 듯 명확하고 빠르다. 병화는 개방적이고 신금은 분석적인 기운으로, 이들은 직설적이고 판단력 있는 언어를 구사한다. 말이 빠르고 단어 선택이 예리해, 상대의 핵심을 정확히 파악하고 피하고 싶은 진실도 용감히 지적한다. 돌려 말하기보다 본론을 중시하며, 논리적이고 구조적인 방식으로 대화를 이끈다. 그래서 협상이나 전략 분야에서 두각을 나타내지만, 감정을 중시하는 이들에겐 차갑게 느껴질 수 있다.

  그러나 이들의 말 뒤에는 사람에 대한 책임감과 개선의 의지가 담겨 있다. 말은 단호하지만 그 속엔 따뜻한 진심이 숨어 있고, 상대의 가능성을 믿기에 냉정한 피드백을 준다. 자기표현 욕구도 강해 설득력 있는 언어를 구사하며 발표나 교육에 능하다. 다만 공감의 섬세함은 다소 부족할 수 있어 감정의 온도를 조절하는 연습이 필요하다.

  병신일주는 언어로 세상을 정리하고 감정을 번역하는 사람이다. 말의 힘을 믿으며, 대화로 변화를 이끌 수 있다고 여긴다. 말은 차가워도 마음은 뜨겁고, 말보다 말의 의도를 보는 것이 이들의 진심을 이해하는 길이다.

• 병신일주의 타고난 소질과 삶의 방향성 •
판단과 실행의 이중성, 분석의 귀재

───◈───

병신일주는 판단력과 실행력의 균형이 뛰어나며, 냉정함 속에서도 정확한 타이밍을 읽는 능력을 지녔다. 이들은 일을 감으로 하지 않고, 구조적으로 분석하며 설계한다. 전략, 기획, 경영, 법률, 수사, 금융, 데이터 분석, 컨설팅 등 '정확함'이 생명인 분야에서 두각을 나타낸다. 드 라 투르가 어둠 속에 빛을 설계하듯, 병신일주는 보이지 않는 질서를 찾아내는 감각이 탁월하다.

예술 분야에서는 조명 디자인, 사진, 무대 연출, 문학 평론, 철학적 에세이 등 '빛과 그림자의 언어'를 다루는 일에 어울린다. 그들은 스토리를 말로 설명하지 않고, 전체 구조로 설득하는 사람이다. 감정의 기복보다 명확한 메시지를 추구하고, 순간적인 감동보다 지속 가능한 설계를 선호한다.

병신일주의 강점은 냉정함과 통찰의 조합이며, 이는 리더보다 설계자, 연설가보다 전략가의 길에 적합하다. 그들은 겉으로는 조용하지만, 내부적으로는 철저히 계산된 원칙과 이상을 품고 있다. 작은 디테일 하나에도 의미를 부여하며, 완성도를 위해 자신을 채찍질하는 스타일이다.

병신일주는 '정적인 직관력'과 '구조적 감수성'을 함께 가진 사람으로, 말보다 결과로 신뢰를 얻는다. 그 조용한 예리함이 곧, 그들의 가장 큰 재능이다.

병오일주:
찬란한 생의 정오, 태양을 닮은 존재

● ● ● ● ● ●

에드바르트 뭉크, 《태양》

• 병오일주의 상 •
정오의 태양, 존재 자체로 밝히는 생명

　병오일주는 오행 중 가장 뜨겁고 강렬한 기운을 지닌 조합으로, 병화는 하늘의 태양, 오화는 정오의 정점을 상징한다. 이 만남은 곧 '광휘의 극점'이며, 존재만으로도 생명력과 열정을 발산한다.

　병오일주의 소통과 에너지는 에드바르트 뭉크의 《태양》처럼 찬란하고 압도적이다. 에드바르트 뭉크의 태양이 화면 전체를 지배하듯, 병오일주도 공간과 분위기를 장악하는 힘을 지닌다. 그들은 감정을 숨기지 않고, 솔직한 언어와 행동으로 사람들의 중심에 선다. 끊임없이 움직이며 나아가는 이들의 본성은 '움직이는 태양'이라 할 수 있다.

　그러나 빛이 지나치면 그림자를 만들 듯, 이들은 자신을 소진시키기 쉬운 성향도 지녔다. 감정을 과하게 드러내거나, 타인을 위해 스스로를 희생하며 번아웃에 가까워지기도 한다. 그럼에도 병오일주는 늘 존재를 증명하며, 자신과 타인의 삶에 활력을 불어넣는다. 에드바르트 뭉크의 태양처럼 이들은 단순한 빛을 넘어 세상을 끌어안는 힘이 있다. 그들이 사라진 자리에도 따뜻함은 남고, 그 삶은 뜨거운 태양처럼 타인을 비추는 운명이다.

• 병오일주의 소통 •
태양처럼 밝지만, 가끔은 눈부셔 외면당하는 말들

　병오일주의 소통은 정오의 햇살처럼 직선적이고 강렬하다. 병화와 오화의 중복은 언어에서 자기 확신과 주도성을 강하게 드러낸다. 이들은 자신의 생각을 망설임 없이 밝히며, 말에는 늘 빛과 열정, 확신이 실려 있다. 본래 리더의 언어를 지닌 병오일주는 분위기를 주도하고, 상대를 설득하며 움직이는 힘이 있다.

　말의 억양과 제스처에도 생기가 넘치나, 과한 표현은 상대를 지치게 만들 수 있다. 감정에 솔직하여 기분이 좋을 땐 따뜻하지만, 상한 감정도 거침없이 드러낸다. 말이 감정을 이끄는 구조인 만큼, 순간의 정서를 조절하지 못할 때 관계에 상처를 남기기도 한다.

　병오일주는 명확한 표현과 즉각적 반응을 선호하며, 눈치나 암시에는 답답함을 느낀다. 그들의 말은 솔직하고 행동과 일치하려는 의지가 강하다. 그래서 소통은 늘 정면 승부이고, '말하자, 해결하자'는 태도다. 단, 속도를 조금 늦추고 타인의 감정을 기다릴 줄 안다면, 그 언어는 공감과 감동으로 돌아올 수 있다. 병오일주의 소통은 자신을 태워 세상을 밝히는 태양의 언어다.

• 병오일주의 타고난 소질과 삶의 방향성 •
창조의 중심에서 세상을 물들이다

병오일주는 삶을 무대 삼아 자신의 존재를 명확히 드러내는 사람이다. 이들에게 직업은 단순한 생계 수단이 아니라, 자기 정체성과 내면의 열정을 사회적으로 구현하는 통로다. 예술가, 연출가, 기획자, 강연가, 배우, 디자이너, 정치가, 창업가 등 자신을 발산하고 표현해야 하는 영역에서 병오일주는 두각을 나타낸다. '말하는 태양', '움직이는 불꽃'이라는 수식어가 어울릴 만큼, 이들은 강렬한 존재감으로 주변을 환하게 비춘다.

특히 병오일주는 단순히 생각하는 데 그치지 않고, 그것을 현실에 구체화하는 능력이 탁월하다. 이들은 머릿속 아이디어를 실행 가능하게 만들고, 추상적인 메시지를 감각적으로 전달한다. 에드바르트 뭉크의 《태양》이 보는 이의 시선을 강제로 끌어들이듯, 병오일주의 창조물은 사람들의 마음에 강렬한 인상을 남긴다. 그들의 재능은 말보다 이미지, 생각보다 실천에서 빛난다.

병오일주는 단순히 빛을 원하는 것이 아니라, 스스로 빛이 되고자 한다. 그래서 이들은 늘 새로운 표현을 탐색하고, 자신만의 언어를 만들어 간다. 병오일주의 직업은 곧 그들의 인생을 말하는 무대이자, 태양처럼 존재 자체로 세상을 밝히는 방식이다.

병진일주:
바람 속의 햇살, 찰나의 생기를 품은 존재

클로드 모네, 《양산을 든 여인》

• 병진일주의 상 •
햇빛과 바람, 들판 위의 경쾌한 생명

병진일주는 대지와 태양이 만나 생명을 깨우는 기운이다. 병화는 정오의 태양처럼 찬란하고, 진토는 봄의 땅처럼 습윤하며 생명을 품는다. 이들은 자연의 리듬에 조화롭게 머물며, 존재만으로도 생기를 전하는 사람이다. 마치 클로드 모네의《양산을 든 여인》처럼, 햇살과 바람을 등에 지고 유유히 흐르는 존재감이 있다. 조용해 보이지만, 내면은 따뜻하고 살아 있는 에너지로 가득하다.

병진일주는 반복된 일상 속에서도 새로움을 발견하고, 질서 속의 자유를 구현한다. 다양한 영역을 넘나드는 유연한 기질과 생기를 불어넣는 감각을 지녔다. 겉은 명랑하지만 내면은 섬세하며, 결정 앞에서는 신중하게 조율한다. 타인을 돕되, 자기 삶의 중심은 결코 놓치지 않는 균형감이 있다.

병진일주의 삶은 빛과 그림자가 어우러진 풍경 같다. 언어보다 먼저 감정의 색이 스며들고, 그 자리에 봄의 기운이 머문다.《양산을 든 여인》처럼 존재만으로 풍경을 바꾸는 이들이다. 병진일주는 삶의 순간에 온기를 새기며, 품격 있게 오늘을 살아간다.

• 병진일주의 소통 •
따뜻한 말 한마디 뒤에 숨은 신중한 결심

병진일주의 소통은 밝고 따뜻해 보이지만, 그 이면에는 깊고 신중한 내면이 깔려 있다. 병화의 태양 같은 외향성과 진토의 무게감이 함께 어우러져, 이들의 말은 단순한 감정 표현이 아닌 책임감 있는 메시지가 된다.

병진일주는 친근한 말투 속에서도 일정한 거리와 기준을 유지하며, 감정에 휘둘리지 않고 절제된 태도로 대화를 이끈다. 말하기 전에 생각을 정리하고, 상황을 고려한 후에 말을 꺼내는 스타일로, 말이 늦더라도 깊이가 있다. 가벼운 농담보다는 의미 있는 대화에 가치를 두며, 말의 여운과 파급력을 중요시한다. 자신의 말뿐 아니라 타인의 말도 섬세하게 듣고, 정리되지 않은 감정 속에서 핵심을 짚어주는 힘이 있다.

병진일주의 말은 빠르지 않지만 오래 남고, 소통을 통해 신뢰와 관계를 깊게 쌓는다. 이들은 화려하게 드러나기보다는 속 깊은 울림을 주는 대화로 주변을 따뜻하게 만든다. 감성과 이성의 균형 속에서, 따뜻하면서도 무게감 있는 언어로 사람을 이끄는 소통 방식이다. 겉보다 속이 깊고, 즉흥적이기보다 숙고된 이들의 말은 삶의 철학을 담고 있다.

• 병진일주의 타고난 소질과 삶의 방향성 •
기획력과 감각의 조화

　병진일주는 외부의 흐름을 빠르게 감지하면서도 내면의 중심을 지키는 사람으로, 변화하는 시대 속에서 유연하면서도 흔들림 없는 태도를 보인다. 진토의 편재 기운은 세상의 흐름과 자원의 움직임에 민감하게 반응하게 하고, 병화의 따뜻한 생명력은 그 반응을 창의적이고 인간적인 방식으로 표현하게 한다. 이들은 콘텐츠 기획, 마케팅, 퍼블리싱, 교육, 디자인, 상담, 문화기획 등 사람과 아이디어가 교차하는 영역에서 탁월한 역량을 발휘한다.

　특히 병진일주는 말보다 구조로, 감정보다 통찰로 사람을 이끄는 감각이 있다. 모네가 찰나의 빛을 포착해 영원의 아름다움으로 승화했듯, 병진일주도 일상의 순간에서 가능성을 발견하고 그것을 실현 가능한 형태로 정제할 줄 안다. 이들은 감각적일 뿐만 아니라 전략적이기도 하며, 타인의 마음을 이해하면서도 본인의 비전을 흔들림 없이 추진한다. 협업에 능하지만, 필요 이상으로 타협하지 않으며, 결과물의 완성도를 스스로 관리할 줄 아는 책임감도 크다.

　병진일주의 일은 단순히 생계를 위한 수단이 아니라, 자신만의 빛을 드러내는 방식이다. 그래서 그들이 만들어 내는 결과는 늘 생동감 있고, 따뜻하며, 현실적이다.

PART 4

등불, 속으로 번지는 불꽃, 고요한 타오름

정
(丁)

정화는 작고 조용한 불꽃이다.

병화가 세상을 밝히는 태양이라면, 정화(丁火)는 한 사람의 방 안을 따뜻하게 비추는 등불이다. 바람에 흔들릴 듯 말 듯, 그러나 끝내 꺼지지 않고 타오르는 불빛. 그 불꽃은 겉으로는 약해 보이지만, 실은 오래 지속되고 은은한 힘을 지닌다. 정화는 겉으로 드러내지 않되, 마음 깊은 곳에서 타오르는 감정과 직관의 기운이다. 세상을 바꾸기보다, 사람을 감싸는 방식으로 자신을 드러낸다.

정화의 불꽃은 내면에 머무른다.

감정을 겉으로 쉽게 표현하지 않지만, 그 대신 눈빛과 기류, 고요한 배려 속에서 자신을 전달한다. 정화는 감정이 섬세하고 마음이 따뜻한 사람이다. 그들은 한 사람의 마음을 알아채고, 상처를 덮고, 조용히 곁을 지킨다. 이들의 불꽃은 누군가를 밝히기 위해 존재하며, 어둠 속에서 가장 작은 빛으로 빛난다. 그 온기는 조용하지만 진하다.

그러나 정화는 상처받기 쉬운 기운이기도 하다.

내면이 풍부한 만큼, 세상의 거친 기류에 쉽게 흔들릴 수 있다. 타인의 감정에 공감하는 능력이 뛰어난 만큼, 때로는 자신의 경계를 지키지 못하고 소진되기도 한다. 하지만 이들은 끝내 다시 불씨를 살린다. 스스로를 되돌아보고, 다시금 타인을 향한 빛을 품는다. 이 조용한 불꽃은 쉽게 꺼지지 않는다. 그 안에는 깊은 정성과 의지가 숨겨져 있다.

정화라는 불꽃을 품고 살아가는 여섯 사람의 이야기와 그들의 삶을 담은 그림들을 만나 보자.
　조르주 드 라 투르의 《촛불을 든 마들렌》처럼, 이들은 자신을 비추기보다 타인을 위한 빛이 되길 택한 사람들이다. 그림의 어둠 속에서 타오르는 불빛은, 이들의 마음처럼 작지만 강하다. 이제 우리는 정화의 따뜻한 불꽃이 사람 안에서 어떻게 타올랐는지를, 그림과 함께 천천히 따라가 보려 한다.

정묘일주:
무대 뒤의 섬세한 빛, 고요 속의 절정

●●●●●

에드가 드가, 《발레 수업》

• 정묘일주의 상 •
정제된 무대, 그 이면의 치열한 질서

　정묘일주는 작은 불빛처럼 은은하면서도 결코 흔들리지 않는 내면의 집중력을 지닌다. 정화는 조용한 빛, 묘목은 부드러운 생명력으로 이 일주는 섬세한 조화와 질서를 상징한다.

　에드가 드가의 《발레 수업》은 바로 이러한 정묘일주의 기질을 화폭에 옮긴 듯하다. 무대 뒤의 발레리나들은 반복된 동작과 침묵 속에서 절제된 열정을 드러내고, 정묘일주 역시 겉보다 속을, 결과보다 과정을 중요시한다. 이들은 감정을 조용히 다듬으며 내면의 완성도를 추구하는 사람들이다.

　드가의 그림처럼 정묘일주는 삶을 화려한 무대가 아닌 끊임없는 '연습의 공간'으로 받아들인다. 말은 적지만 눈빛은 깊고, 행동은 섬세하지만 중심은 단단하다. 감수성과 이성, 미감과 실용이 조화를 이루며 일상조차 하나의 춤처럼 정리된 리듬으로 살아간다. 이들에게 성취란 타인으로부터 받는 박수갈채가 아닌 자신과의 약속을 완성하는 것이다.

　드가의 발레리나가 거울 앞에서 한 동작을 반복하듯, 정묘일주는 고요한 인내로 자신을 빚는다. 단단한 내면의 리듬 속에서, 조용히 세상과 소통하는 이들이 바로 정묘일주이다.

• 정묘일주의 소통 •
말보다 온기, 언어보다 눈빛

정묘일주의 소통은 햇살 아래 흔들리는 풀잎처럼 부드럽고 조용하다. 정화는 등잔불처럼 은은한 불빛이고, 묘목은 감각적인 봄의 새싹이다. 이들은 말보다 분위기와 감정을 먼저 읽으며, 공기처럼 상대의 마음을 감지한다. 말수가 적어도 대화하고 있다는 느낌을 주며, 공감과 경청으로 소통을 이끈다. 그들의 말은 직선이 아닌 곡선이며, 논리가 아닌 정서의 언어다.

상대가 스스로 말할 수 있도록 심리적 여백을 제공하며, 진심을 담은 따뜻한 말로 응답한다. 그러나 그 안에는 분명한 경계와 내면의 중심이 있다. 누구에게나 친절하지만, 속마음을 여는 데에는 신뢰가 필요하다. 진심이 오갈 때, 그들의 말은 상처를 감싸기보다 함께 바라봐 주는 힘이 있다. 직접적인 표현보다 은유와 우회를 선호하고, 감정을 배려하는 방식으로 말한다. 때로는 침묵으로도 소통하며, 그것은 무관심이 아니라 존중의 표시다.

말보다 마음으로, 이기기보다 머물기를 택하는 이들. 정묘일주의 말은 짧지만 깊고, 조용하지만 오래 남는다. 결국 이들은 공감과 울림으로 사람을 이어 주는 다리다.

• 정묘일주의 타고난 소질과 삶의 방향성 •
예술, 교육, 치유, 조율의 사람

정묘일주는 내면의 감성과 외면의 균형을 조화롭게 유지하는 인물이다. 예술적 감수성과 지적인 깊이를 함께 지녔기에, 단순한 표현을 넘어서 감정과 사유를 정제된 언어로 전달할 수 있다. 그들은 말보다 분위기로, 주장보다 설득으로 세상과 소통하며, 조용히 그러나 분명하게 영향력을 발휘한다.

교육과 심리, 상담 분야에서 정묘일주는 타인의 정서를 읽고 정리해 주는 능력이 탁월하다. 무심한 듯하지만 깊은 관찰과 공감으로 사람의 마음을 어루만지고, 복잡한 상황 속에서도 감정의 실마리를 차분히 풀어 간다. 이들의 말 한마디, 글 한 줄, 눈빛 하나는 정돈된 감성과 사유의 정수를 담고 있다.

공연예술이나 문학, 연구 분야에서는 자신의 내면세계를 깊이 있게 탐구하고 그것을 외부와 연결하는 다리가 되어 준다. 협업이 필요한 환경에서도 중심을 잡고 조율하며, 섬세한 기획과 정서적 안정감을 통해 조직에 따뜻한 구조를 만든다.

무엇보다도, 정묘일주는 인생을 살아갈 때 겉의 화려함보다 마음의 성숙과 태도의 우아함을 더 중요하게 여긴다. 그들의 인생은 무대 뒤의 발레 수업처럼, 절제된 훈련과 단단한 내면이 이끄는 조용한 예술이다.

정축일주:
침묵 속의 절규, 가라앉은 불의 내면

에드바르트 뭉크, 《절규》

• 정축일주의 상 •
얼어붙은 땅 아래, 타오르는 마음의 불씨

정축일주는 겨울 진흙 속에 묻힌 작은 불빛처럼, 감정을 밖으로 드러내지 않고 내면에서 조용히 태운다. 정화의 섬세한 불빛은 축토의 차가운 습기에 눌려 겉으론 조용하지만 속에선 치열하게 흔들린다. 이들은 겉으론 담담해 보여도 풀지 못한 감정과 미완의 생각들을 품고 살아간다.

정축일주의 고통은 겉으로 터지기보다 안으로 삭이고 되새긴다. 에드바르트 뭉크의 《절규》 속 인물처럼, 입을 열고 있어도 소리는 들리지 않는다. 축토는 감정을 저장하는 땅이며, 그 감정은 정화에 의해 사유로 다듬어진다. 이 일주는 그 침묵을 통해 예술가나 상담가가 되어 마음의 언어를 만든다. 에드바르트 뭉크의 그림처럼, 격정은 없지만 깊은 울림을 전한다. 그들의 감정은 발효되어 언젠가 고백이 되고, 표현이 된다.

정축일주는 결코 꺼진 불이 아니다. 차가운 세상 속에서도 마음의 불씨를 품고 살아가는 사람이다. 흔들려도 부서지지 않는 내면의 불꽃, 그것이 정축일주의 진짜 얼굴이다.

• 정축일주의 소통 •
느리지만 단단한 말, 말보다 책임으로 전하는 진심

정축일주의 소통은 겨울 땅속에서 움트는 생명처럼 조용하고 신중하다. 정화의 따뜻한 불빛과 축토의 단단함이 겹쳐져, 이들은 말에 무게와 책임을 지는 사람이다. 말을 아끼는 것은 감정이 없어서가 아니라, 감정이 깊기 때문이다. 그들에게 말은 진심을 담아야 할 그릇이며, 무심한 말로 상처 주는 것을 두려워해 차라리 침묵을 택한다.

그들의 한마디는 수많은 고민과 절제의 결과물이다. 감정을 말로 표현하기보다는 행동으로 전하는 편이며, 따뜻한 말보다 따뜻한 행동으로 마음을 보인다. 갈등 속에서도 격해지기보다 조용히 상황을 정리하고, 상대를 배려한다. 그러나 그 침묵 속엔 표현되지 못한 진심이 눌려 있을 수 있다. 그러므로 정축일주와의 소통에는 그 말의 이면을 읽는 섬세함이 필요하다.

이들은 신뢰가 쌓이면 마음을 열고 진심을 드러낸다. "나는 쉽게 말하지 않는다. 그러나 내 말엔 책임이 있다." 이들이 전하는 말은 불꽃이 아니라 등불처럼, 조용히 마음에 오래 남는다.

• 정축일주의 타고난 소질과 삶의 방향성 •
감정의 중재자, 세상의 관찰자

정축일주는 섬세한 감정선과 강한 책임의식이 동시에 존재하는 기질로, 예술, 심리, 상담, 연구, 문학, 간호, 조경, 환경 등 조용한 몰입과 치유의 힘이 필요한 분야에서 뛰어난 성과를 낼 수 있다. 이들은 드러나지 않아도 사람들의 아픔을 읽고, 말없이 마음을 보듬는 능력이 있다.

내면의 통찰력이 깊고, 감정 구조를 분석하고 정리하는 데 강점을 지니며, 예민한 분위기 속에서도 중심을 잡는 이들이다. 특히 공동체 안에서 조정자, 중재자 역할을 할 때 빛을 발한다. 그들은 갈등을 키우기보다 줄이고, 부드럽게 정리하며, 본인의 감정을 절제하면서 타인을 먼저 돌본다.

그러나 이처럼 보이지 않는 정서 노동이 누적되면 쉽게 지치고 무기력해질 수 있다. 자기만의 시간과 공간, 정서적 환기가 꼭 필요한 이유다. 음악, 독서, 글쓰기, 산책처럼 단조롭지만 정돈된 시간들이 정축일주에게는 회복의 통로가 된다.

또한 이들은 혼자 있을 때 가장 자기답고 창의적이므로, 조직 내에서도 독립적이고 자율적인 환경에서 더 큰 성취를 이룬다. 그들의 능력은 요란하지 않지만, 깊고 묵직하게 흐르며 결국 큰 기반이 된다.

정해일주:
영혼이 흔들리는 밤, 별이 빛나는 마음

빈센트 반 고흐, 《론강의 별이 빛나는 밤》

• 정해일주의 상 •
어둠 속 별빛, 깊은 물 아래의 불

정해일주는 마치 빈센트 반 고흐의 《론강의 별이 빛나는 밤》처럼, 고요한 어둠 속에서 감정을 반짝이는 존재다. 정화는 마음의 그림자를 비추는 등불이고, 해수는 깊은 감정의 강물이다. 이 두 기운이 만나면 불빛과 물결이 함께 흔들리듯, 깊고 섬세한 감수성이 탄생한다. 겉으로는 조용하지만, 내면에는 말할 수 없는 시와 별빛 같은 감정들이 흐른다.

빈센트 반 고흐의 론강 위에 번지는 별빛처럼, 정해일주는 말없이도 세상을 위로하고 연결한다. 이들은 말보다 시선으로, 논리보다 감정으로 세상을 읽는다. 밤과 인연이 깊고, 어둠 속에서 스스로를 성찰하는 시간을 사랑한다. 그 고요는 단절이 아니라 감정의 해석이고, 치유의 공간이다.

정해일주는 현실보다 이상을 향하지만, 그 이상은 감정의 진실에서 비롯된다. 그림처럼, 음악처럼, 조용한 언어로 세상에 말을 건넨다. 고흐가 어둠을 붓으로 끌어안았듯, 이들도 밤을 품는다. 《론강의 별이 빛나는 밤》처럼, 정해일주는 조용히, 그러나 깊게 빛난다.

• 정해일주의 소통 •

말보다 마음, 파도보다 흐름, 고요한 진심의 대화법

정해일주의 소통은 말의 수사가 아니라, 말 뒤에 감춰진 온기와 진심에 가깝다. 정화는 작지만 따뜻한 불빛이고, 해수는 깊고 묵직한 감정의 바다. 이들은 말보다 듣는 데 능하며, 말하기 전 마음속에서 여러 번 되뇐다. 언어는 절제되어 있지만, 짧은 말에 깊은 의미를 담는다.

격렬하게 주장하기보다, 상대를 배려하며 공감으로 말을 꺼낸다. 침묵은 말의 책임을 아는 태도이며, 과묵함 속에 배려와 예민함이 있다. 그들의 대화는 수묵화처럼 여백이 많고 은근하다. 눈빛, 행동, 기류로도 감정을 전하며, 말없이도 위로하는 능력이 있다. 직접적이기보다는 시처럼 말하고, 추상적 표현을 즐기지만 거짓은 말하지 않는다. 가벼운 농담보다 진심 어린 한마디를 중시한다.

관계의 속도보다는 깊이를 중요하게 여기며, 한번 마음을 열면 오래 지킨다. 이들의 말은 꺼지지 않는 등불처럼 오래 남는다. 말보다 말의 온기를 통해 세상을 감싸는 사람, 그것이 정해일주의 소통이다.

• 정해일주의 타고난 소질과 삶의 방향성 •
예술가, 상담자, 사색가

정해일주는 감정과 영감의 경계에 사는 사람이다. 예술, 종교, 심리, 철학, 문학, 명상, 자연치유와 같은 내면 지향적 영역에서 큰 잠재력을 발휘한다. 이들은 사람의 마음을 읽고, 눈빛과 침묵 속에서 진심을 포착하는 감수성을 지녔다.

예술가로서 슬픔을 아름다움으로 바꾸고, 상담가로서 상처를 공감으로 어루만지며, 작가로서 보이지 않는 감정을 단어로 엮어 내는 능력이 있다. 정해일주는 고흐처럼 삶의 혼란과 아픔을 창조로 승화시키는 존재다. 감정의 깊이만큼 통찰의 깊이도 크며, 종교적 신비나 명상적 직관에도 가까운 감각을 타고난다.

그러나 세상의 자극에 매우 예민해, 부정적 에너지에 쉽게 물들 수 있다. 타인의 감정을 지나치게 받아들이는 경향이 있어, 자기 보호의 장치가 필요하다. 자연 속에서 홀로 시간을 보내거나, 글쓰기, 그림, 음악 등으로 감정을 배출하며 균형을 유지할 필요가 있다.

정해일주는 말보다 감응으로, 논리보다 영감으로 살아가는 사람이다. 세상의 구조보다는 감정의 흐름을 신뢰하며, 그 속에서 진실을 찾고자 한다. 이들은 결국, 고요한 방식으로 세상을 변화시키는 존재다.

정유일주:
추상의 질서와 불꽃의 직관

●●●●●

바실리 칸딘스키, 《노랑 빨강 파랑》

• 정유일주의 상 •
반짝이는 불꽃과 정제된 금속의 충돌

정유일주는 작은 불꽃 정화와 단단한 유금의 만남처럼, 감성과 이성이 정제된 긴장 속에 공존하는 존재다. 이들의 내면은 혼돈을 품고 있으나 겉으로는 정갈하고 품위 있게 빛난다. 말, 옷차림, 관계, 글쓰기까지 삶 전체가 '정교함'으로 수렴된다.

바실리 칸딘스키의 《노랑 빨강 파랑》은 이들의 내면 풍경을 시각적으로 그려 낸 듯하다. 노랑은 명료한 의식, 빨강은 뜨거운 열정, 파랑은 깊은 사색을 상징하며, 이 세 가지가 긴장과 조화를 이루는 화면은 정유일주의 감정과 사고의 구조와 닮아 있다. 굵은 선과 색의 교차 속에서 균형을 잡아내는 바실리 칸딘스키의 추상적 구성은 정유일주가 세상을 감각하고 해석하는 방식과 같다.

정유일주는 감정의 깊이를 언어와 이미지로 정제할 줄 아는 사람들이다. 예술, 철학, 심리, 디자인 등 상징과 추상이 공존하는 영역에서 빛난다. 그들의 말과 침묵은 모두 의미를 담고 있으며, 쉽게 드러내지 않지만 그만큼 깊고 섬세하다. 관계 또한 진중하고 절제되어, 몇몇 깊은 연결에만 온기를 쏟는다. 《노랑 빨강 파랑》처럼, 정유일주의 삶은 질서와 자유, 감성과 이성 사이의 미학적 균형 위에 놓인 조형물이다.

• 정유일주의 소통 •
말의 결을 다듬는 사람, 조용한 섬광처럼 다가가는 언어

───◈◈◈───

정유일주의 소통은 소리보다 결, 말보다 느낌에 가깝다. 이들은 단어 하나에도 온도와 의미를 담으며, 말수는 적지만 깊은 울림을 남긴다. 정화는 은은한 불빛, 유금은 정밀한 금속처럼, 이들의 말은 따뜻하면서도 정제되어 있다.

즉각적인 반응보다는 숙고를 통해 나온 응축된 언어를 구사하며, 감정이 아닌 이성으로 정리된 표현을 선호한다. 상대의 뉘앙스를 섬세하게 읽고, 거기에 맞는 온도로 응답할 줄 아는 감각을 지녔다. 논쟁보다는 공감, 주장보다는 배려의 말투를 택한다. 말보다는 태도로 감정을 전하고, 침묵 속에서도 마음을 전하려 한다.

다가가기 어렵지만 신뢰를 주는 사람, 그것이 정유일주다. 격식 없는 대화보다 미감을 나누는 조용한 교류에서 진심을 꺼낸다. 그들의 말은 크지 않지만 깊고, 눈에 띄지 않지만 오랫동안 남는다. 말보다 여운, 전달보다 조율, 그것이 정유일주의 소통 방식이다. 말을 통해 세상을 이기기보다, 마음에 꽃을 피우는 이들이다.

• 정유일주의 타고난 소질과 삶의 방향성 •

디자이너, 미학자, 철학자

───◆◆◆───

정유일주는 내면의 정제된 감각과 높은 미적 기준을 지닌 사람이다. 이들은 복잡하고 소란스러운 세계보다는, 정돈된 질서와 절제된 아름다움 속에서 빛난다. 감정과 생각이 늘 교차하는 이들은, 그 에너지를 미적 체계로 승화시키는 능력이 뛰어나다. 그래서 디자인, 시각예술, 문예창작, 고전음악, 철학, 심리상담, 명상지도 같은 분야에서 두각을 나타낼 수 있다.

이들은 단순히 감정을 표현하는 데 그치지 않고, 감정을 구조화하고 정리하며, 그 안에 의미와 질서를 부여한다. 겉보기엔 조용하지만, 내면의 사유는 깊고 섬세하며, 세계를 자신만의 감각으로 재구성하는 능력이 있다. 고정된 체계보다는, 자신의 세계관과 정서가 존중받을 수 있는 환경에서 더욱 창의적인 결과물을 만들어 낸다.

그러나 높은 감성의 진폭과 정신적 밀도는 때때로 이들을 지치게 하기도 한다. 그럴 때 정유일주는 정서적 휴식과 예술적 창작, 깊은 사색으로써 다시 에너지를 회복한다. 이들에게 '일'이란 곧 존재의 표현이자, 감정의 정리이며, 내면의 구조화를 위한 예술적 행위이기도 하다. 정유일주는 그렇게 세상과 자신 사이를 정갈하게 매만지며 살아간다.

정미일주:
조용한 의지, 연기의 틈에서 피어나는 불꽃

●●●●●

에두아르 마네, 《피리 부는 소년》

• 정미일주의 상 •
훈장의 그림자 속, 아이의 입술에서 흐르는 멜로디

정미일주는 내면의 불빛을 조용히 간직한 채 살아가는 존재다. 정화는 작고 따스한 감정의 불꽃이고, 미토는 생명을 안으로 끌어안는 촉촉한 땅이다. 이 조합은 겉으로는 온화하지만 내면에는 섬세한 진동이 흐른다. 정미일주는 감정을 억누르기보다는 음악처럼 변환시키는 감수성을 지녔다.

에두아르 마네의 《피리 부는 소년》은 정미일주의 정수를 상징한다. 군복을 입은 소년의 피리 소리는 명령이 아닌 감정과 저항의 리듬이며, 세상 속의 거리감 속에서 자신만의 소리를 품은 모습이다. 정미일주는 말보다 소리, 논리보다 감정의 결을 중시하며, 조용히 울림을 만든다. 관계에서도 과도한 개입보다 정서적 동행을 선호하고, 내면을 회복할 시간과 공간이 필요하다.

그들의 말은 짧지만 깊고, 침묵은 하나의 시가 된다. 정미의 불은 번지지 않고 스며들며, 삶은 천천히 그러나 깊게 흐른다. 마네의 그림처럼, 그들의 존재는 작지만 긴 여운을 남긴다.

• 정미일주의 소통 •
말 없는 위로, 눈빛과 여백으로 전하는 진심

   정미일주는 조용히 듣고 부드럽게 반응하며, 말보다 마음의 결을 중시하는 사람이다. 정화의 따스한 불빛과 미토의 부드러운 흙 기운이 어우러져, 말로 설득하기보다는 공감과 위로로 다가선다. 이들은 말의 내용보다 그 말에 담긴 감정을 먼저 읽고, 조심스럽게 답한다.

   정미일주의 언어는 짧지만 깊은 배려가 담겨 있고, 소리보다 말투의 온기로 소통한다. 그들의 말은 다정한 침묵처럼 따뜻하며, 말보다 표정과 분위기로 마음을 전한다. 반응이 느릴 수 있지만, 그것은 신중함에서 비롯된 것이다. 격한 감정 앞에서는 침묵을 선택하며, 관계를 지키는 방식으로 갈등을 피한다. 감정을 쉽게 드러내지 않지만, 마음속에는 섬세한 배려가 흐른다.

   정미일주의 대화는 신뢰가 쌓일수록 더 깊은 진심을 보여 주는 과정이다. 그들은 말보다 공감을 중시하고, 설명보다 감정의 울림을 남긴다. 어떻게 말하느냐보다 무엇을 느끼게 하느냐를 중요하게 여긴다. 정미일주는 여백의 언어를 다루는 섬세한 조율자다.

• 정미일주의 타고난 소질과 삶의 방향성 •

음악, 미술, 언어, 행정, 전략

―◆◆◆―

정미일주는 섬세한 감성과 정제된 질서를 동시에 갖춘 사람이다. 정화는 내면의 빛, 예술적 영감이고, 미토는 그것을 갈무리하는 현실의 토대다. 이 일주는 감정의 깊이를 이성적으로 정리할 줄 아는 기질을 지녔다. 때문에 정미일주는 예술과 행정, 창작과 조율이 만나는 분야에서 탁월한 능력을 발휘한다.

음악, 디자인, 편집, 글쓰기, 고전예술, 법률, 외교, 예술 행정 등에서 조용한 리더십을 보여 준다. 주목받기보다는 흐름을 만들고 지탱하는 사람이며, 정제된 표현력과 철저한 자기관리로 신뢰를 얻는다. 한마디로, 자신만의 리듬으로 타인을 안심시키는 조율자다. 늘 조용하지만 그 안에는 불꽃이 살아 있고, 차분해 보여도 본질적으로는 창조자다.

정미일주는 이성과 감성, 창의성과 책임 사이를 오가며, 질서 안에서 아름다움을 피워 낸다. 사람들과의 관계에서도 감정에 휘둘리기보다는 신중히 접근하고, 깊은 유대를 형성한 뒤 묵묵히 헌신하는 스타일이다. 눈에 띄지 않아도 반드시 필요한 존재, 그것이 정미일주의 직업적 존재감이다.

정사일주:
칼날 위의 춤사위, 절정의 태양과 맞선 생명

신윤복, 《쌍검대무》

• 정사일주의 상 •
날카로운 햇살, 두 검이 교차하는 생의 긴장

―――◦◆◦―――

정사일주는 마치 한낮의 태양처럼 정점의 에너지로 살아가는 존재다. 정화의 섬세한 불빛과 사화의 강렬한 본능이 만나, 내면에 팽팽한 긴장과 날 선 집중을 만든다. 그 삶은 늘 예민하게 깨어 있고, 고요한 듯하면서도 결코 흐트러지지 않는다.

신윤복의 《쌍검대무》는 이 일주의 상징이다. 두 여인이 검을 맞대며 추는 춤은 감정과 이성, 욕망과 절제의 충돌 속에서 탄생하는 생의 율동이다. 정사일주는 삶을 춤처럼, 전투처럼, 예술처럼 살아간다. 싸움을 피하지 않지만 무의미한 승부엔 집착하지 않으며, 무엇을 이겼느냐보다 어떻게 싸웠느냐를 중요시한다.

자존은 외적 과시가 아닌 내면의 기준에서 비롯된다. 이들은 흔들리지 않기 위해 스스로를 단련하고, 삶의 매 순간을 진지하게 맞이한다. 검을 들되 상처를 내기보다 조화를 추구하며, 타인과의 충돌조차도 미의식으로 승화시킨다. 《쌍검대무》처럼 정사일주의 삶은 긴장과 조화를 넘나드는 역동의 미학이다. 그 검 끝에서 반짝이는 것은 생의 고통이 아닌, 치열하게 살아 낸 흔적이다.

• 정사일주의 소통 •
고요한 불빛, 절제된 말 속의 진심

정사일주의 소통은 어둠 속 등불처럼 조용하고 절제된 불빛이다. 겉으로는 부드럽지만 내면엔 뜨거운 감정과 깊은 관계 의식이 자리한다. 천간 정화는 속을 비추는 작은 불, 지지 사화는 태양 같은 강한 불로, 이들의 만남은 뜨겁지만 조용한 소통을 만들어 낸다.

정사일주는 가볍게 말하지 않으며, 한마디에도 깊은 숙고가 담긴다. 말의 양보다 질, 빠름보다 신중함을 중시한다. 직설보다는 정중하고 우회적인 화법을 택하며, 듣는 이의 감정을 세심히 살핀다. 침묵은 무관심이 아닌 존중과 인내의 표현이다. 관계를 빠르게 맺기보다는 천천히 신뢰를 쌓아 가는 사람이다.

'힘내'라는 말보다 곁에 있어 주는 존재로 위로를 전한다. 말보다 태도와 분위기로 마음을 전하고, 감정을 정제해 조심스럽게 표현한다. 이들의 언어는 오래 머무는 울림을 남긴다.

• 정사일주의 타고난 소질과 삶의 방향성 •
표현과 절제의 영역에서 빛나는 사람

정사일주는 말보다 행동으로, 감정보다 기획으로 자기 자신을 드러내는 유형이다. 정화의 섬세한 불꽃과 사화의 강렬한 추진력은 이들에게 감성적 표현력과 냉철한 실행력을 동시에 부여한다. 이들은 예술, 공연, 영상, 글쓰기 등 창작 활동에서 자신의 내면을 정제된 방식으로 전달할 수 있다. 동시에 일정한 형식과 전략을 요구하는 행정, 교육, 정치, 브랜딩, 의전 같은 분야에서도 주도적인 역할을 해낸다.

정사일주는 감정이 격해져도 이를 정리하고 구조화하는 능력이 뛰어나며, 말보다 기획과 실천으로 세상에 자신을 증명하려 한다. 표현과 실행, 직관과 전략이 조화되는 위치에서 존재감이 크다. 이들은 단순히 창작하는 예술가가 아니라, 창작과 전달, 설계와 추진을 모두 아우르는 복합형 인재다. 그래서 한편으로는 기획자, 다른 한편으로는 연출자이며, 때로는 조용한 무대 뒤의 감독이 되기도 한다.

신윤복의 《쌍검대무》처럼, 격렬한 동작을 절제된 선으로 담아내는 능력은 바로 정사일주의 본질이다. 그들은 겉으론 단정하지만 속은 치열하며, 그 치열함을 아름다움으로 번역할 줄 안다. 창조와 통제가 동시에 가능한 이 일주는, 자기만의 리듬을 설계하고 실행할 줄 아는 사람이다.

PART 5

산과 대지, 드러나지 않는 중후함

무
(戊)

사람에게는 누구나 기대고 싶은 풍경이 있다.

바람이 불어도 흔들리지 않는 언덕, 햇살이 기울어도 그늘을 만들어 주는 큰 나무 아래의 땅, 혹은 묵묵히 말없이 바라만 보아도 안심이 되는 산의 등줄기. 무토(戊土)는 바로 그런 존재다.

말보다 존재로 말하고, 움직임보다 자리를 지키는 것으로 세상과 관계를 맺는다.

요란하지 않다. 눈에 띄지도 않는다. 하지만 그 자리가 없으면 세상이 기울고, 사람들이 흔들린다. 무토는 지탱하는 자, 중심을 이끄는 자, 말없이 버티는 자다. 무토를 설명하는 상징은 대개 산이다. 그것도 솟구쳐 오른 화산이나 날카로운 봉우리보다는, 수천 년 동안 침묵 속에 자리를 지킨 둔덕과 태산, 사람들이 묻혀 살며 자리를 잡는 중심의 땅이다. 그 땅 위에 마을이 생기고, 길이 생기며, 역사가 쌓인다.

무토는 바로 그런 시간의 두께를 품고 있는 흙이다.

단단하지만 따뜻하고, 거대하지만 사람을 안을 수 있는 넉넉함이 있다. 무토의 힘은 겉에서 잘 드러나지 않는다. 그래서 사람들은 종종 그를 오해한다. "왜 저 사람은 말이 없을까?" "왜 저 사람은 아무 표현도 하지 않을까?" 하지만 그것은 말을 아껴서가 아니라, 이미 그 자리에 존재 자체로 기여하고 있기 때문이다. 무토의 기운을 지닌 사람은 조용히 중심을 지키고, 격변 속에서도 침착하게 자리를 버티며, 사람들이 흔들릴 때마다 그들의 기울어진 마음을 다시 수평으로 돌려놓는다.

무토는 땅처럼 포용적이지만, 그 품 안에도 분명한 기준과 경계가 있다.
　누구나 품을 수 있지만, 아무렇게나 들이는 법은 없다. 자기 안에 깃든 원칙과 정의가 있어야 하고, 자신이 지키는 사람과 공간을 위해서는 기꺼이 무거워질 수 있는 용기가 필요하다. 이 무거움은 억압이 아니라 책임이다. 산이 가볍지 않듯, 무토의 삶도 결코 가볍지 않다.

사람의 말보다 묵직한 무게로 진심을 전하고, 자신을 버팀목 삼아 누군가를 일으켜 세운다.
　무토의 세계는 빠르지 않다. 그의 시간은 사계절보다도 느리게, 인생의 오랜 호흡을 따라 천천히 흐른다. 무언가를 서두르지 않는다. 단단한 것은 시간이 걸려야 단단해진다는 사실을 그들은 본능처럼 알고 있다. 그래서 무토의 사람에게는 자연스럽게 신뢰가 따른다. 그가 꼭 정답을 말하지 않아도, 그의 존재만으로도 안심이 된다.

이 무거운 대지의 기운을 품은 여섯 사람의 삶을 그림이라는 거울을 통해 들여다보자.
　그들은 소리 없이 자신을 지탱해 왔고, 누군가의 어깨가 되었으며, 때로는 흔들리는 세계 속에서 기둥이 되기를 선택한 존재들이었다. 그들의 삶에서 우리는 무엇이 진짜 강인함인지, 진정한 중심이란 어떤 모습인지 조용히 따라가 보게 될 것이다.

무진일주:
흔들림 없는 미소, 중심을 품은 고요한 대지

레오나르도 다 빈치, 《모나리자》

· 무진일주의 상 ·
견고한 대지 위의 미소, 불가해함 속의 중심성

무진일주는 마치 레오나르도 다 빈치의 《모나리자》처럼, 조용하지만 중심을 압도하는 존재다. 말없이 관객을 응시하는 모나리자의 시선처럼, 무진일주는 침묵 속에서도 상황을 꿰뚫고 신뢰를 이끌어 낸다. 무토는 흔들림 없는 중심, 진토는 변화의 가능성을 품은 봄의 땅으로, 이 둘의 만남은 깊이 있는 안정과 생명의 잠재력을 의미한다.

무진일주는 명확한 언어보다 함축된 분위기로 말하고, 즉각적인 반응보다 깊은 관찰로 세상을 해석한다. 모나리자의 미소가 다양한 해석을 낳듯, 무진일주 역시 명료하게 규정하기 어려운 다층적 인물이다. 그들의 침묵은 공허가 아니라 축적된 통찰이며, 태도 하나에도 신중한 무게가 실려 있다. 삶의 중심에서 조용히 풍경을 구성하며, 리더보다 기준점으로 작용하는 이들이다.

무진일주의 말 없는 영향력은 시간이 흐를수록 더 깊이 각인된다. 다 빈치가 모나리자 한 점에 수년을 쏟았듯, 이들은 신중한 선택과 내면의 질서를 통해 완숙한 생을 살아간다. 단순한 고요함이 아니라 의미로 가득한 정적, 그것이 무진이다.

• 무진일주의 소통 •
침묵의 울림, 깊이를 나누는 말

　무진일주의 소통은 조용하지만 깊은 무게를 지닌다. 말을 아끼지만 한마디에 구조와 진심이 담겨 있다. 무토는 중심을 지키는 산, 진토는 변화의 물기를 품은 봄의 땅으로, 이들의 만남은 복합성과 내면의 깊이를 낳는다.

　무진은 감정보다 사실과 원칙에 집중하며, 언어보다는 침묵과 태도로 소통한다. 그들의 말은 느리지만 오래 기억에 남고, 즉흥이 아닌 숙고 끝의 발언이다. 감정을 드러내기보다 상황을 바라보고, 말보다 실행으로 신뢰를 얻는다. 침묵은 단절이 아니라 신중함이며, 타이밍을 아는 정적인 리더십의 일부다.

　무진은 말보다 존재로 중심을 잡고, 중요한 순간 단호한 한마디로 흐름을 바꾼다. 다만 과묵함은 거리감을 만들 수 있으나, 진심을 확인한 뒤엔 깊은 소통이 가능하다.

　무진일주는 내면의 질서를 따르고, 감정보다 책임에 무게를 둔다. 그는 감화를 말로 하지 않고, 일관성과 행동으로 전한다. 침묵 속에서 중심이 되는 존재, 그것이 무진이다.

• 무진일주의 타고난 소질과 삶의 방향성 •
구조적 사유와 표현력의 조화

무진일주는 겉으로는 조용하고 단단하지만, 내면에는 구조적 사고와 상징에 대한 깊은 이해가 흐른다. 이들은 복잡한 정보를 정리하고 본질을 추려 내는 데 탁월하며, 단어보다 구조, 감정보다 메시지에 집중하는 경향이 있다.

예술과 기획, 설계와 교육, 연구와 행정처럼 체계와 창조가 동시에 요구되는 분야에서 강한 능력을 발휘한다. 특히 상징과 언어, 문화의 층위를 해석하고 재구성하는 능력은 브랜딩이나 고전 해석, 전통문화 콘텐츠 개발에서 빛을 발한다. 그들은 '말하지 않지만 말하고 있는' 형식을 선호하며, 표면적 전달보다 기획된 감동과 깊은 울림을 남긴다.

무진일주의 설득력은 말솜씨가 아니라 정서적 안정감과 구조화된 메시지에서 나온다. 이들은 한 문장, 한 장면, 한 장의 이미지 속에 오래 남을 의미를 담아내는 능력을 지녔다. 그들에게는 세련됨보다 진중함이, 화려함보다 일관된 깊이가 더 중요하다. 장기 프로젝트처럼 느리지만 깊게 쌓아 가는 과정에 어울리며, 시간이 흐를수록 진가가 드러나는 스타일이다. 사람을 움직이되 소란스럽지 않고, 감동을 주되 과장하지 않으며, 자기 사유를 바탕으로 조용히 세계를 재구성하는 힘을 가진 이들이다.

무인일주:
운무 속의 인왕산처럼, 조용한 위엄의 자리

겸재 정선, 《인왕제색도》

• 무인일주의 상 •
짙은 안개 너머로 솟은 인왕산의 실루엣

무인일주는 겸재 정선의 《인왕제색도》 속 인왕산과 같다. 처음엔 흐릿하게 보이지만 시간이 흐를수록 그 존재감이 뚜렷하게 드러난다. 마치 산처럼 고요하고 단단한 무인일주는 외부의 영향을 받지 않고, 그 바람을 자신의 풍경으로 흡수하며 자신만의 기준을 가지고 살아간다.

무토와 인목이 만나 이루어진 이들은 리더로서 앞장서기보다는 견디고 버티며, 말보다 행동으로 신뢰를 얻는다. 그들은 소란스럽지 않으며, 절제 속에서 품격을 발산한다. 삶을 길게 보고, 목표를 멀리 두며, 지금의 불편함을 견디는 사람들이다.

《인왕제색도》 속 인왕산처럼, 무인일주는 언제나 그 자리에 존재하며, 시간이 지나면서 그 깊이를 알게 된다. 그들은 '기둥' 같은 존재로, 가족과 친구, 공동체에서 중심이 되지만 그것을 의무로 여기지 않는다. 그들의 존재는 설명을 필요로 하지 않으며, 단지 그 자리에 있어 모든 것을 대변한다.

• 무인일주의 소통 •

말보다 의지로 전하는 사람, 침묵 속의 직진형 커뮤니케이터

무인일주의 소통은 단단한 중심을 지닌 대지가 봄의 숲을 품듯, 직선적이고 신념이 담긴 방식이다. 무토와 인목의 조합에서 그들은 믿는 바를 밀어붙이고, 감정보다는 진심을 전달하려 한다. 말이 많지 않더라도, 그들의 언어에는 무게가 실려 있고, 돌직구 같은 말투 속에는 진심과 책임감이 담겨 있다.

상대의 말에 경청은 하지만, 자신의 기준에 맞지 않으면 쉽게 동의하지 않으며, 이는 자기 원칙에 대한 고집이다. 무인일주의 소통은 감정적인 접근보다는 명확하고 합리적인 대화로 효과적이다. 또한, 이들은 말보다 실천으로 자신의 의지를 증명하며, 약속보다 실행으로 말한다.

"말은 적지만, 한마디를 던졌다면 반드시 책임진다." 그들의 소통은 따뜻한 위로보다는 문제 해결책을 제시하고, 감정보다는 논리에 기반을 둔다. 결국, 무인일주의 소통은 의지가 말이 되고, 신념이 문장이 되며, 침묵도 방향성을 가진 언어가 된다. 그들의 메시지는 말보다는 삶으로 증명된다.

무인일주의 타고난 소질과 삶의 방향성
전략가, 조직가, 또는 대지 위 건축가

무인일주는 기획, 전략, 구조 설계, 정책 수립, 예술 창작 등에서 두각을 나타내는 기질을 지닌다. 단기적인 성과보다는 중장기적 비전과 설계를 중시하며, 전체를 보고 큰 그림을 그리는 데 강점을 가진다. 체계적인 사고와 함께 상징과 미감을 이해하는 능력도 탁월하여, 조직과 예술을 아우르는 드문 균형감을 지닌다.

겸재 정선이 진경산수를 통해 전통과 혁신을 연결했듯, 무인일주 역시 익숙한 질서를 해석하고 새로운 가치를 창출하는 능력을 갖는다. 기존의 체계를 정리하고 구조화하는 데 능할 뿐 아니라, 그것을 바탕으로 자기만의 관점을 구축할 줄 안다.

논리와 직관을 모두 활용하며, 현실을 분석하면서도 이상을 잃지 않는다. 변화에는 신중하지만, 일단 방향이 정해지면 끝까지 밀고 나아가는 추진력을 보인다. 융합형 인재로서 다양한 분야를 연결하는 힘도 지닌다. 조직 안에서는 전략가로, 예술 안에서는 세계관의 창조자로 살아갈 수 있는 인물이다. 실용성과 미학, 논리와 상징을 통합하는 스케일이 크다.

한 분야에만 머무르지 않고, 학문과 문화, 제도와 감성을 자유롭게 넘나드는 유형이다. 그래서 무인일주는 질서를 세우고 흐름을 만드는 사람이다.

무자일주:
저녁 들판의 기도, 침묵 속의 깊은 중심

• • • • •

장 프랑수아 밀레, 《만종》

• 무자일주의 상 •

노을 진 들판 위, 머리를 숙인 부부의 기도

　무자일주는 장 프랑수아 밀레의 《만종》에서 보여 주는 부부의 모습과 같다. 하루의 노동을 마친 부부가 종소리에 맞춰 고요히 기도하는 순간, 말은 없지만 마음은 감사로 가득하고, 그 기도는 차분히 흐른다. 무자일주는 외부로 소리내기보다는 내면에서 답을 찾는 사람이다.

　무토와 자수의 결합은 표면적으로는 조용하고 묵직하지만, 그 안에는 깊은 감정과 사유가 흐른다. 이들은 감정을 쉽게 드러내지 않지만, 내면의 사유는 결코 얕지 않으며, 세상과 거리 두기를 하면서도 고독을 선택한다. 그들의 고독은 고립이 아닌 사유의 시간이다. 무자일주는 자기 안의 질서를 중시하며, 깊은 내면의 사유를 통해 세상을 해석한다.

　그들은 조용히 자신을 정돈하고, 신념을 심으며, 내면의 균형을 맞춘다. 밀레의 《만종》에서처럼, 무자일주는 세상의 질문에 조용히 자신을 들여다보며 응답하는 사람이다.

• 무자일주의 소통 •

침묵 속에서 전해지는 말, 말보다는 기운으로 흐르는 교감

　무자일주의 소통은 겨울밤의 강물처럼 조용하고 느리지만, 그 속에는 깊은 흐름과 감정의 결이 있다. 무토와 자수의 결합은 말을 아끼며, 깊이 생각한 후에 책임을 지는 소통 방식을 만든다. 대화는 느리고 무겁게 느껴질 수 있지만, 시간이 지나면 그 속에 담긴 배려와 사려 깊음을 알게 된다.

　감정을 직접적으로 표현하는 대신, 무자일주는 함께 있는 시간과 기운으로 공감을 전한다. 눈빛, 표정, 기류, 침묵 속의 무게가 그들의 언어다. 무자일주는 말을 통해 사람을 조종하거나 설득하려 하지 않으며, 자유와 존중에 기반한 신뢰를 중시한다. 하지만 감정 표현이 간접적이어서 오해를 불러일으킬 수 있다. 그래서 가까운 사람에게는 불완전하고 솔직한 감정을 표현하는 것이 필요하다.

　무자일주의 소통은 말보다는 기운, 표현보다는 공감이며, 침묵 속의 울림이다. 그들은 한마디 말보다 함께 걷는 고요 속에서 더 많은 이야기를 전할 수 있다.

• 무자일주의 타고난 소질과 삶의 방향성 •
조용한 설계자, 내면의 전략가

무자일주는 직접 앞에 나서기보다는, 조용히 기획하고 설계하는 데 강한 기질을 지닌다. 즉흥적인 직관보다 현실적인 판단에 무게를 두며, 신중하게 모든 가능성을 검토하고 움직인다. 눈에 띄는 행동보다는, 보이지 않는 구조를 짜는 데에서 진가를 발휘한다. 정책기획, 교육, 연구, 상담, 글쓰기 같은 분야는 그에게 자연스러운 선택이다. 또한 농업이나 자연과 밀접한 직업처럼, 리듬이 느리고 깊이 있는 환경에도 잘 어울린다.

그는 성과보다 과정, 속도보다 방향을 중요시하며, 자기 내면을 돌아볼 수 있는 시간을 통해 성장한다. 감정의 흐름을 잘 읽고, 사람의 말을 귀 기울여 듣는 능력도 탁월하다. 《만종》의 농부처럼, 그는 땅의 숨결을 읽고, 계절의 흐름을 기다릴 줄 안다. 빠르지는 않지만, 결코 흐트러지지 않는 중심을 유지하며, 조용히 큰일을 해낸다. 말은 적지만, 판단은 분명하고, 감정에 치우치지 않으면서도 따뜻한 시선을 지닌다.

그는 말없이 사람을 품고, 드러나지 않게 구조를 세운다. 그런 면에서 무자일주는 겉으로는 조용한 설계자지만, 결국 세상의 질서를 지탱하는 숨은 기둥이다. 그 고요함 속에 가장 단단한 힘이 존재한다.

무술일주:
깊은 산속 초당처럼, 고요한 힘의 품격

겸재 정선, 《필 여산초당도》

• 무술일주의 상 •

깊은 산중의 초당, 고요 속에 숨은 위엄

───◆◆◆───

무술일주는 겸재 정선의《필 여산초당도》속 초당처럼, 세속과는 거리를 두고 조용히 중심을 지키는 존재다. 초당은 고요하지만 그 안에 절제와 품격이 깃들어 있으며, 무술일주의 내면에도 마찬가지로 깊고 의미 있는 흐름이 존재한다.

그는 화려하게 드러나지 않지만 묵묵히 자기 자리를 지키며 존재로 세상을 설득한다. 세속을 도피하지 않고, 오히려 관찰자의 위치에서 깊은 통찰과 책임감을 품는다. 그의 삶은 정적이지만, 그 정적은 사유와 농축된 에너지로, 세상의 속도에 초조해하지 않으며, 자신의 리듬대로 걸으며 삶을 진지하게 응시한다. 무술일주는 결정을 내릴 때 성급하지 않으며, 관계에서는 깊고 오래가는 신뢰를 준다. 말수는 적지만, 행동에는 무게가 있고, 감정 표현은 절제되지만 따뜻함이 숨어있다.

《필 여산초당도》의 초당처럼, 그는 세상 속에서도 자기중심을 잃지 않으며, 말없이 주변을 변화시키고 균형을 이룬다. 무술일주는 소란 속에서도 존재의 힘으로 세상을 지탱하는 사람이다.

• 무술일주의 소통 •
말 없는 중심, 존재로 말하는 사람

  무술일주의 소통은 깊은 산속 초당에서 흘러나오는 나지막한 물소리처럼 조용하고 절제되어 있다. 무토와 술토의 결합은 말보다 태도, 감정보다 사실을 중시하는 소통을 만든다. 이들은 말을 많이 하지 않지만, 존재 자체로 상대를 안정시키며, 신중함과 책임감을 바탕으로 소통한다.

  무술일주는 자신의 감정과 생각을 쉽게 드러내지 않기 때문에, 처음엔 벽처럼 느껴질 수 있지만, 한번 마음을 열면 일관된 소통을 이어간다. 감정이 격해지는 상황에서 말보다는 시간을 두고 깊은 해석을 거쳐 응답한다. 이들은 "말하지 않아도 알겠지."라는 태도로, 침묵 속에서 깊은 신뢰와 관찰력을 전달한다.

  이처럼 무술일주는 관계에서 자신을 '말하는 사람'보다는 '지켜 주는 사람'으로 인식되기를 바란다. 그들의 소통은 말보다 삶으로 말하는 방식이다.

• 무술일주의 타고난 소질과 삶의 방향성 •
고전과 자연, 품격의 분야

　무술일주는 예술과 학문, 자연과의 조화를 이루는 분야에서 특히 빛을 발한다. 조용하고 절제된 기질은 내면의 깊이를 요구하는 활동에 잘 어울리며, 단순한 재현이 아닌 사유와 미감을 담는 능력이 탁월하다. 동양화, 서예, 한의학처럼 고요한 손끝과 철학이 함께하는 전통 분야에 적성이 맞는다. 또한 철학, 건축, 정원 디자인, 인문학 강의처럼 공간과 사유를 동시에 다루는 일에도 잘 어울린다. 그는 기존의 것을 모방하는 데서 멈추지 않고, 자신만의 시선으로 고전을 재해석할 수 있는 능력을 갖고 있다.

　겸재 정선이 '진경산수'를 통해 조선의 풍경을 자신만의 미학으로 표현했듯, 무술일주 역시 깊은 통찰을 기반으로 새로운 흐름을 만들어낸다. 실용성과 철학을 동시에 갖추고 있기에, 학문과 예술, 전통과 현대를 연결하는 매개자로서도 강점을 지닌다. 콘텐츠를 통해 자신의 생각과 미감을 세상과 나눌 수 있는 사람이다.

　그는 느리지만 단단하게 쌓아 올리며, 깊이 있는 완성도를 중시한다. 빠른 성과보다는 오랜 시간 품격을 지닌 결과를 추구한다. 무술일주는 그렇게 자기만의 길을 걷는 동시에, 세상과 품위 있게 연결되는 사람이다. 고요한 진심과 정제된 미학을 실천하는 존재, 그것이 무술일주다.

무신일주:
절경 속 질서, 지성으로 다스리는 산맥의 기운

겸재 정선, 《금강전도》

• 무신일주의 상 •
거대하지만 질서 있는 금강의 정수

　무신일주는 겸재 정선의 《금강전도》 속 금강산처럼 거대한 존재이지만, 그 안에는 질서와 절제가 깃들어 있다. 금강산의 기암괴석처럼 무신일주의 내면은 강인하면서도 조화를 이룬다. 그는 감정보다는 이성을 따르며, 세상을 이해하고 정리하는 데에 탁월하다.

　무신일주는 자신의 삶을 철저히 설계하고, 세부까지 통제 가능한 신중함을 바탕으로 행동한다. 그의 말은 간결하고 명확하며, 행동은 느리지만 확실하다. 무신일주는 사회에서 위로부터의 질서를 구현하며, 갈등 속에서 중심을 잡고 경계를 정리하는 역할을 한다. 그의 리더십은 소란스러운 외침이 아닌, 조용한 구조 설계에서 비롯된다. 그는 강력한 구조의 축이 되어, 기획, 전략, 법률 등의 분야에서 뛰어난 능력을 발휘한다.

　무신일주는 거대한 구조물처럼 단단하고 엄숙하며, 세심하게 조율된 디테일을 갖춘 예술작품과 같다. 그는 삶을 큰 그림으로 그리고, 실현 가능한 설계도를 정리하여 묵묵히 실행해 나간다. 그런 의미에서 무신일주는 말보다는 삶 전체로 철학을 표현하는 사람이다.

• 무신일주의 소통 •

단단한 말, 절제된 감정, 그리고 침묵 너머의 신뢰

무신일주의 소통은 '정제된 진심'으로 요약된다. 무토와 신금의 결합은 감정보다는 논리와 책임을 우선시하는 소통 방식을 만든다. 그들은 말을 아끼며, 그 침묵은 신중함의 표현이다. 말은 짧고 단단하며, 감정보다는 사실에 기반한 설명을 선호한다.

무신일주는 대화 중에도 끊임없이 계산하고 분석하며, 확신이 있을 때만 입을 연다. 이와 같은 소통은 처음에는 벽처럼 느껴질 수 있으나, 신뢰가 쌓이면 책임 있고 깊은 대화로 이어진다. 또한, 무신일주는 청자로서 조용히 듣고, 필요한 순간에 정확한 말을 한다. 직장과 조직에서 신뢰를 얻는 이유는 이 때문이다. 그러나 사적인 관계에서는 감정 표현이 절제되어 있어, 상대가 소외감을 느낄 수 있다.

무신일주의 소통은 말보다 행동, 감정보다는 신뢰, 표현보다는 일관성으로 정의된다. 그의 한마디는 오래 남고, 말 없는 존재감은 큰 응답이 된다.

무신일주의 타고난 소질과 삶의 방향성

전략, 기획, 설계, 학문

　무신일주는 기획자, 분석가, 연구자, 건축가, 법조인 등 정밀한 사고와 구조적 설계를 요하는 직업군에 잘 어울린다. 또한 예술과 공학, 이성과 감성의 경계를 잇는 복합적 분야에서도 뛰어난 역량을 발휘한다. 단순히 창의적인 아이디어만으로는 만족하지 않으며, 그것을 실현 가능한 구조 안에 배치하려는 태도를 지닌다. 특히 명확한 틀 안에서 창의적 문제 해결이 필요한 영역에 강점을 보인다. 흐트러진 개념을 정리하고, 복잡한 문제를 단계적으로 구조화하는 능력이 탁월하다.

　겸재 정선이 금강산을 단순히 그리지 않고, 산수 전체의 구조적 리듬과 질서를 포착해 낸 것처럼, 무신일주도 보이는 것 너머의 질서를 설계한다. 전체를 꿰뚫는 시야와 세부를 파고드는 집중력을 동시에 지닌, 보기 드문 기획자형 인재다. 감정보다는 이성, 직관보다는 분석을 우선시하지만, 그 속에 절제된 미학과 품격이 숨어 있다. 그는 단지 계획을 세우는 데서 멈추지 않고, 그것을 실천 가능하도록 완성해 내는 추진력도 함께 갖춘다.

　무신일주는 실용성과 이상, 창조성과 질서를 통합하는 드문 유형이다. 말보다 결과, 감정보다 설계를 중시하며, 세상을 정돈하는 방식으로 살아간다. 그의 손에서 탄생하는 일들은 단단하고도 정교하며, 오랜 시간 믿음을 남긴다. 무신일주는 그렇게 조용한 설계자이자, 품격 있는 완성자다.

무오일주:
불꽃 위에 올라탄 의지의 지도자

●●●●●

자크 루이 다비드, 《알프스를 넘는 나폴레옹》

• 무오일주의 상 •
화염을 타고 달리는 준마, 결단과 기세

―――◈―――

무오일주는 자크 루이 다비드의《알프스를 넘는 나폴레옹》속 나폴레옹처럼 역동적인 존재다. 나폴레옹은 단순히 산을 넘는 인물이 아니라, 역사의 흐름을 바꾸는 결단의 순간을 담고 있다. 무토와 오화의 결합은 태양과 산을 동시에 품은 이중성을 나타낸다.

무오일주는 고요한 중심 속에서 끊임없는 에너지를 발산하며, 정체되기를 거부하고 변화와 도전 속에서 살아간다. 그는 목표를 세우면 불꽃처럼 추진력 있게 돌파하며, 때로는 지나치게 직선적이고 스스로를 태워 가기도 한다. 그들의 리더십은 확신과 명료한 판단에서 비롯되며, 주저함 없이 앞장서서 행동에 나선다.

무오일주는 뛰어난 전략가, 지도자, 창업가로서 세상을 움직이기 위해 태어난 인물이다. 그의 삶은 끊임없는 생성과 방향 설정의 연속이며, 마치《알프스를 넘는 나폴레옹》처럼 비전과 선언을 내포한 승리를 이끈다.

• 무오일주의 소통 •
중심에서 말하다. 침묵 속에서 빛나다

———◈———

무오일주의 소통은 한낮의 태양처럼 명확하고 묵직하게 다가온다. 무토와 오화의 결합은 말을 쉽게 흩뿌리지 않으며, 말에 중심과 무게, 확고한 결심을 담는다. 말을 적게 하며, 충동적이지 않고, 감정을 절제하면서도 진심은 강하게 전달된다. 그들의 소통은 자기 입장과 신념을 정중하게 드러내는 행위다.

무오일주는 쉽게 휘둘리지 않고, 조심스럽지만 확고한 의도로 소통한다. 말보다 '태도'와 '무게감'으로 사람을 이끌며, 리더로 주목받는다. 그들의 소통은 책임 있는 말하기의 전형이며, 한번 뱉은 말을 반드시 지키려 한다. 감정 표현에는 서툴지만, 배려와 따뜻함은 말투 속에 숨겨져 있다.

이렇듯 무오일주는 말보다 행동, 감정보다 실천으로 마음을 보여주는 사람이다. 그들의 소통은 신뢰를 낳고, 깊은 울림을 남긴다.

• 무오일주의 타고난 소질과 삶의 방향성 •
리더십, 기획, 행정, 전략, 군사적 기질

───◈───

무오일주는 타고난 지휘관이자 전략가로서의 기질을 지닌다. 강한 중심성과 결단력, 그리고 명확한 방향 감각은 그를 리더의 자리에 자연스럽게 올려놓는다. 단순히 생각만 하는 사람이 아니라, 그것을 행동으로 옮기는 추진력을 함께 갖춘 실천형이다. 기획, 조직, 분석, 실행까지 한 흐름 안에서 조율할 수 있는 능력이 탁월하다.

특히 행정, 정치, 기획, 마케팅, 법률, 군사 등 의사결정과 구조 설정이 중요한 분야에 잘 어울린다. 빠른 선택과 책임 있는 판단을 요하는 환경에서 진가를 발휘하며, 복잡한 문제를 전략적으로 풀어가는 데 능하다.

동시에 무오일주는 감성과 구조가 조화를 이루는 드문 유형이기도 하다. 예술, 디자인, 문화 기획 등의 영역에서도 강한 추진력과 통찰을 바탕으로 독보적인 결과를 낼 수 있다. 그는 창조성을 감각에만 의존하지 않고, 체계화하여 완성하는 데 능하다. 늘 비전을 세우고, 그것을 현실로 옮기는 데 거리낌이 없다. 이상과 실천이 하나로 통합되는 직업이야말로 무오일주에게 가장 적합한 길이다.

그는 단지 상상하는 사람이 아니라, 변화와 성취를 직접 만들어 내는 사람이다. 무오일주는 중심에서 방향을 설정하고, 스스로의 힘으로 길을 여는 리더형 일주다.

PART 6

타인과 자신을 키우는 논밭과 손의 흙, 조화의 중심

기
(己)

흙은 말이 없다.

그러나 흙이 없으면 어떤 것도 자라지 못한다. 흙은 늘 가장 낮은 자리에 있으면서, 가장 많은 생명을 길러 낸다. 기토(己土)는 바로 그런 존재다. 소리 없이 일하고, 조용히 품고, 묵묵히 길러 내는 손의 흙. 사람의 발아래 깔린 땅처럼, 너무 가까워서 때로는 그 소중함을 잊게 되는 기운. 기토는 살리는 땅이며, 조화시키는 힘이다.

기토는 무토와는 다르다.

무토가 거대한 산이라면, 기토는 사람의 손이 닿는 밭이다. 흙이지만 결이 부드럽고, 고르고 단단하게 눌러진 논밭. 거친 돌 대신 유연한 흙. 기토는 그렇게 삶의 바탕이 되면서도, 스스로를 드러내지 않는다. 그가 지닌 힘은 눈에 보이지 않는 조율과 중용의 리듬에 있다. 햇살과 바람, 물과 씨앗이 적절히 만나도록 보이지 않는 곳에서 균형을 잡고, 모든 요소를 이어 주는 삶의 조율자이자 숨은 지휘자다.

기토는 단단하지만 거칠지 않고, 부드럽지만 흐트러지지 않는다.

사람 사이의 갈등을 중재하고, 상처 난 마음을 덮어 주는 말보다 더 따뜻한 침묵을 가지고 있다. 그들은 소란스럽지 않게 문제를 해결하고, 책임지겠다는 말 대신 조용히 자리를 메워 주는 사람들이다. 이런 기토의 사람들에게는 '살림'의 기운이 흐른다. 그 살림은 물리적인 살림살이가 아니라, 사람과 관계, 감정과 질서를 함께 살아나게 하는 깊은 정서의 운용이다.

기토는 무엇보다 중심을 잘 잡는다.

그 중심은 세상의 중심이 아니라, '내 삶의 균형점'을 잃지 않으려는 끊임없는 내면의 조율이다. 기토는 외부의 변화에 쉽게 요동치지 않고, 상대의 감정에 과하게 휘둘리지 않으며, 늘 중심에서 한 걸음 떨어져 조화로운 거리를 지킨다. 이것은 결코 냉정함이 아니라, 모두를 살리고 모두를 배려하기 위한 내면의 절제와 지혜다. 그러나 기토의 사람들도 지칠 때가 있다.

언제나 조율하고, 메꾸고, 품고, 배려하는 삶.

그 속에서 자신을 잃지 않으려면 자신만의 뿌리를 더욱 깊이 내려야 한다. 조화를 이룬다는 것은 때로, 나를 무너뜨리지 않으면서도 세상을 품는 일이다. 기토는 그 어려운 길을 말없이 걸어가는 사람들이다. 그들은 결코 주인공처럼 눈에 띄지 않지만, 그들이 떠난 자리는 어김없이 텅 빈다.

기토의 흙으로 빚어진 여섯 가지 인생을 그림 속에서 만나 보자.

그들은 누구보다 조용했지만, 누구보다 많은 것을 살려 냈고, 갈등 속에서 다리를 놓았으며, 균형을 잃은 삶에 다시 중심을 찾아 주었다. 그림 속 한 장면처럼, 그들은 한 사람의 삶에 따뜻한 흙으로 남아 있다. 이제 그들의 이야기를 따라가며 '사람을 살린다는 것'의 의미를 다시 생각해 보자.

기사일주:
모래판 위의 철학자, 땀과 통찰의 기운

김홍도, 《씨름》

• 기사일주의 상 •

팽팽한 균형, 땅과 불이 뒤섞인 모래판

　기사일주는 김홍도의 《씨름》 속 인물처럼 현실의 갈등과 경쟁 속에서 균형을 조율하는 인물이다. 기토는 부드럽고 포용적인 성향을 가지지만, 그 안에는 사화의 강렬한 추진력이 숨어 있다. 겉으로는 유순하고 온화해 보이지만, 내면은 끊임없이 계산하고 조율하는 강인한 의지를 지닌다.

　김홍도의 그림 속 씨름판에서처럼, 기사일주는 힘을 무작정 사용하는 것이 아니라, 상황을 읽고 타이밍을 재며, 감정과 이성을 조화롭게 고려하는 전략가이다. 그는 갈등을 피하지 않지만, 그것을 생산적이고 유쾌한 방향으로 이끌어 가는 능력을 지녔다. 감성과 이성 사이에서 균형을 찾고, 현실적인 문제 해결뿐만 아니라 철학적 사고로도 세상을 바라본다.

　기사일주는 설득보다는 납득을 중시하고, 주장을 펼칠 때도 배려를 바탕으로 한다. 그는 항상 중심을 잡으며, 타인의 기세에 밀리지 않고 자기 기준을 고수한다. 그의 삶은 치열하고도 인간적인 연극처럼, 끊임없는 균형과 조율을 통해 전개된다. 유연한 전략가이자 따뜻한 기술자로, 현실 속에서 중심을 지키며 앞으로 나아간다.

• 기사일주의 소통 •
말보다 태도로, 속도보다 깊이로

기사일주의 소통은 조용한 관찰에서 시작된다. 상대의 말보다 뉘앙스를 듣고, 이야기의 흐름보다 그 뒤의 맥락을 읽는다. 기토와 사화의 결합은 이들에게 말보다 진심과 의미가 담긴 소통을 중요하게 만든다. 이들은 직설적이지 않고, 직선보다는 완곡함을, 속도보다는 온기를 중시한다. 말하기 전에 깊은 배려와 신중함이 깔려 있으며, 감정보다 관계의 조화를 더 중요하게 여긴다.

또한, 기사일주는 뛰어난 경청자로, 상대의 감정과 의도를 읽고 침묵 속의 기류를 파악한다. 이들의 경청은 신뢰의 표현으로, 더 깊은 관계를 이끌어 낸다. 감정적 표현엔 조심스러워서, 작은 배려와 성실한 태도로 마음을 드러낸다. 상대가 감정적 언어를 바란다면 거리가 느껴질 수 있지만, 그 속에는 따뜻한 의도가 숨어 있다.

기사일주는 맥락을 중요시하며, 급한 대화보다는 여유 있는 대화에서 자신의 말을 꺼낸다. 소통은 예의이자 신중함이며, 자기 내면을 드러내는 예술이다. 결국, 기사일주의 소통은 조용하지만 단단하고 깊다. 속도와 소음보다 진심과 의미로 세상과 이야기한다.

• 기사일주의 타고난 소질과 삶의 방향성 •
교육, 법률, 예술, 심리, 사회설계

　기사일주는 지적 사고력과 표현력, 그리고 실천 능력을 고루 갖춘 균형형 인재다. 이들은 단순히 생각에 그치지 않고, 그것을 말과 글, 행동으로 풀어낼 수 있는 능력을 지닌다. 교육자나 심리상담사처럼 사람의 내면을 읽고 정리하는 직업에 어울리며, 디자이너나 문화기획자처럼 감성과 구조를 연결하는 역할에서도 두각을 나타낸다. 또한 행정가처럼 공동체의 질서를 조율하고, 세부를 정리하는 역할에도 강점을 가진다.

　기사일주는 특히 김홍도의 풍속화처럼, 일상의 감정과 움직임을 섬세하게 포착하고 재구성하는 능력이 뛰어나다. 그만큼 타인의 감정 변화에 민감하며, 관계를 조율하고 갈등을 정리하는 능력이 탁월하다. 자기표현이 직업이 되는 일, 즉 자신의 언어로 타인을 설득하고 공감시키는 분야도 잘 어울린다. 작가, 변호사, 상담가, 큐레이터, 다큐멘터리 제작자처럼 말과 이야기, 구조와 현실을 잇는 직업군에 잘 맞는다. 이들은 단지 정보를 전달하는 데 그치지 않고, 그 안에 감정과 철학, 메시지를 담을 줄 안다. 감성과 이성이 균형을 이루고, 사유와 실천이 함께 작동하는 유형이다.

　기사일주는 삶을 해석하고 정리하며, 그것을 통해 사람과 세상을 연결하는 조용한 설계자다. 이러한 복합적 재능은 다방면에서 깊이 있는 성취를 가능하게 한다.

기묘일주:
평범함 속의 기적, 소박한 풍경의 내면

● ● ● ● ●

그랜드마 모지스, 《생일 케이크(Birthday Cake)》

• 기묘일주의 상 •
들판 위의 논밭, 작은 마을의 잔칫상

　기묘일주는 마치 그랜드마 모지스의 《생일 케이크(Birthday Cake)》처럼, 화려하지 않지만 진심 어린 기쁨과 따뜻한 정을 소중히 여기는 존재다. 이 작품에서 묘사된 작은 마을의 축제, 아이들의 웃음, 손때 묻은 식탁보와 직접 만든 케이크 한 조각은 기묘일주의 삶의 본질을 그대로 담고 있다.

　기묘일주는 큰 성공이나 경쟁보다는, 매일 조금씩 성장하고, 자신과 타인의 기운을 조화롭게 맞추며 살아가는 사람이다. 그들의 기쁨은 순간적이지 않으며, 길게 이어지는 과정 속에서 발견된다. 기묘일주는 무리 지어 가는 것보다는 각자의 길을 존중하고, 삶을 '살림'처럼 살아간다. 이들은 자신만의 땅을 다지고, 기다리며, 성장을 지켜보는 사람들이다.

　그들은 언제나 다른 사람들과 함께 자라는 법을 아는 존재로, 그랜드마 모지스의 그림과 같은 소박한 일상 속에서 진심과 의미를 찾는다. 기묘일주의 삶은 과장된 꿈보다는, 오늘 하루도 햇살을 반기고 뿌리를 살피며 살아가는 것이다.

• 기묘일주의 소통 •
부드러운 말 너머의 진심, 조용한 울림의 언어

기묘일주의 소통은 조용하고 섬세하며, 감정을 드러내기보다는 상대의 감정을 읽고 이해하는 데 중점을 둔다. 그들은 말의 양보다는 그 안에 담긴 감정과 의미를 소중히 여긴다. 기토와 묘목의 기운이 어우러진 이들은 상대를 배려하는 마음으로 소통하며, 상대의 마음을 진지하게 듣고 반응한다.

말은 적지만, 그 한마디에는 깊은 진심이 담겨 있다. 기묘일주는 감정을 쉽게 드러내지 않지만, 말 한 줄기에도 따뜻함을 담아낸다. 그들은 대결보다는 수용을, 설득보다는 이해를 중요시한다. 소통을 통해 사람과 사람 사이의 깊은 신뢰를 쌓지만, 때로는 신중함이 오해를 낳기도 한다. 기묘일주는 가까운 사람일수록 말을 아끼고, 충돌을 피하려고 한다. 이들과 깊은 관계를 맺기 위해서는 존중과 기다림이 필요하다.

그들은 말을 아끼지만, 마음을 담은 한마디로 사람의 마음을 이어간다. 기묘일주의 소통은 진심과 관계를 중심으로 이루어지며, 말보다는 태도와 감정을 중시한다. 그들의 소통은 진실하고 지속적인 관계를 만들어 낸다.

• 기묘일주의 타고난 소질과 삶의 방향성 •
따뜻함을 직업으로 만드는 사람들

　기묘일주는 따뜻한 마음과 섬세한 손길로, 일상의 순간에 의미를 불어넣는 직업에 잘 어울린다. 감정을 돌보고, 사람을 다루며, 조용히 변화시키는 일에 강점을 보인다. 어린이 교육처럼 순수한 감정을 다루는 영역, 정원 가꾸기나 식물과 관련된 일처럼 자연과 교감하는 일, 그리고 상담, 미술, 문학, 요리, 민속 문화 콘텐츠처럼 감성과 실용이 함께 필요한 분야에 특히 적합하다.

　이들은 직업을 단순한 생계 수단이 아닌, 사람들과 감정을 나누는 창구로 여긴다. 할머니 화가 그랜드마 모지스처럼, 늦게 발견된 재능을 오랫동안 갈고닦아 꽃피우는 경우도 많다. 빠른 결과보다 깊은 뿌리를 중시하며, 작은 일이라도 소중히 여기는 태도가 직업 안에서도 드러난다. 감각보다 정서를, 속도보다 지속을 선택하는 경향이 뚜렷하다.

　화려하지 않아도 꾸준히 쌓이는 신뢰, 그 신뢰로 사람들의 마음을 따뜻하게 만드는 직업인이 바로 기묘일주다. 이들은 단순히 일하는 사람이 아니라, '살아 내는 방식으로 일하는 사람'이다. 언제나 현실 속에서 조용히 의미를 심고, 그것이 자라기를 기다릴 줄 아는 존재다. 기묘일주의 직업은 곧 그 사람의 철학이기도 하다.

기축일주:
무겁고 조용한 진심의 붓

김홍도, 《필 추성부도》

• 기축일주의 상 •
응축된 겨울의 힘, 생명을 품은 흙

　기축일주는 마치 김홍도의《필 추성부도》처럼 고요하지만, 그 속에는 깊고 단단한 결단이 숨어 있는 존재다. 기토는 부드럽고 온화한 땅을, 축토는 겨울의 냉기와 습기를 품은 땅을 상징한다. 두 기운이 결합된 기축일주는 외면상 평화롭고 조용하지만, 그 내면은 강한 자존심과 결단력으로 가득하다.

　그림 속 선비의 고요한 실루엣과 산수는 침묵 속의 표현과 고요한 저항을 나타낸다. 기축일주의 기운은 갑작스러운 외침이 아니라, 오랜 시간 동안 다져 온 생각과 결단으로 이루어진다. 한마디 말에 무게가 있으며, 말하지 않아도 마음을 전하는 능력을 지닌다.

　이들은 쉽게 흔들리지 않으며, 현실적이고 실용적인 행동을 한다. 그들의 태도는 자신만의 호흡을 지키며, 세상과의 관계 속에서 한 걸음 물러서고 자신만의 자리를 지킨다. 김홍도의 그림에서 인물은 자연 속에서 조화롭게 앉아 있는 모습처럼, 기축일주도 삶에서 자신의 자리를 지킨다.

　기축일주는 내면의 깊이를 가지고 있으며, 겉으로는 잔잔하지만 그 속에는 철학과 애틋함이 흐른다. 그들은 말없이 지켜 주고, 묵묵히 감내하며, 시간이 지나도 잊히지 않는 울림을 남긴다. 기축일주의 삶은 감정이 절제된, 단단한 땅 아래 흐르는 정직한 땀방울 같은 이야기다.

• 기축일주의 소통 •
침묵 속의 무게, 말보다 행동으로 전하는 신뢰의 언어

───◈───

　기축일주의 소통은 조용하고 신중하다. 기토는 부드럽고 중심을 지닌 흙, 축토는 겨울의 냉기와 습기를 머금은 땅이다. 두 기운이 만난 기축일주는 언어에서 과장 없이 절제된 미학을 실천한다. 쉽게 말하지 않고, 감정을 드러내지 않으며, 소통은 즉흥적인 대화가 아니라 신중하게 의지를 전달하는 과정이다.

　기축일주는 말보다 태도로 많은 것을 말한다. 약속을 지키고, 시간을 성실하게 지키며, 상대의 이야기를 묵묵히 들어 준다. 그들의 한마디는 단단한 신뢰를 쌓는다. 이들의 소통은 다정한 말보다 변하지 않는 태도에서 오는 안정감으로, 행동으로 감정을 전달하고 함께 있어 주는 방식으로 위로를 전한다.

　그들은 말을 아끼다 보니 오해를 살 수 있지만, 마음을 열면 깊이와 충실함으로 관계를 이어 간다. 기축일주는 신중하고 경계심이 강하며, 새로운 사람에게 쉽게 자신을 드러내지 않는다. 자신에게도 상대에게도 '느린 접근'과 '일관된 태도'가 중요하다. 그들에게 소통은 말보다 신뢰와 삶의 태도로 이루어진다. 묵묵히 함께 걷는 길을 선호하며, 신중한 말 한마디가 큰 울림을 남긴다. 기축일주는 말의 무게로 관계를 엮는 사람이다.

• 기축일주의 타고난 소질과 삶의 방향성 •
문학, 고전, 상담, 기록, 재정

―――◈―――

기축일주는 정적인 깊이와 현실 감각을 함께 지닌 일주다. 기토는 부드러운 대지의 품성을 지니며, 축토는 그 땅 아래 숨겨진 냉철한 현실의 결을 담고 있다. 이러한 조합은 감성과 이성이 균형을 이루는 구조를 만들어 낸다. 사색적이며 보존적인 기질은 이들이 과거와 현재, 내면과 외부 세계를 동시에 통찰하는 능력을 키워 준다.

문헌학자, 역사연구자, 회계사, 아카이브 전문가, 심리상담가, 고전예술 기획자 등 깊이 있는 사고와 정밀한 분석이 요구되는 직업에 적합하다. 특히 고전 문화를 현대적으로 재해석하거나, 잊힌 기록을 발굴해 내는 일에 강한 소명을 느낄 수 있다. 그들의 판단은 감정보다 구조에 기초하고, 표현은 언변보다 기록을 통해 이루어진다.

김홍도가 문인의 정신을 화폭 위에 절제된 선으로 담았듯, 기축일주 역시 몸보다 사유, 말보다 맥락을 중시한다. 겉으로는 조용해 보이지만, 그 안에는 일관된 신념과 계산된 계획이 흐른다. 꼼꼼한 판단력은 실물 기반의 투자, 특히 부동산, 미술품, 전통문화 자산 등에 대한 통찰력으로 이어질 수 있다.

그들은 격렬한 변화보다 안정적인 성장을 선호하며, 시간이 흐를수록 진가를 드러내는 존재다. 마치 오래된 고서처럼, 기축일주는 한 페이지 한 페이지를 정성스레 채워 가는 삶을 지향한다. 이러한 성향은 그들을 조용히 오래 남는 사람으로 만든다.

기해일주:
지성과 침묵의 공존

산치모 다우르비노 라파엘로, 《아테네 학당》

• 기해일주의 상 •
넓은 대지 위의 사색, 은은히 스며드는 사유의 강

기해일주는 마치 고요한 들판에 새벽이슬이 내리듯, 깊은 사유의 흐름이 은근히 퍼져 나가는 존재다. 기토는 안정적이고 포용적인 대지로, 해수는 그 위에 흐르는 물처럼 다양한 가능성과 인연을 의미한다. 두 기운의 조화를 이루는 기해일주는 겉으로는 절제된 모습을 보이지만, 그 안에는 깊고 유연한 사유가 숨겨져 있다.

라파엘로의 《아테네 학당》처럼, 기해일주는 서로 다른 사상과 관점을 조화롭게 흡수하고, 그 차이를 극복해 하나의 중심을 만든다. 그들의 내면은 파르메니데스와 헤라클레이토스, 플라톤과 아리스토텔레스의 사상이 교차하는 공간처럼, 다양한 흐름이 공존하는 정신적 지형이다. 기해일주는 중심에 서기보다는, 혼란 속에서 조화를 이끄는 고요한 리더다.

그들의 삶은 빠르지 않다. 감정의 격랑을 피하고, 의미를 향해 서서히 다가가며, 말보다 사유와 관조를 중시한다. 이러한 태도는 그들을 묵직한 신뢰의 인물로 만든다. 이들은 자신을 과시하지 않고, 대신 타인의 말을 경청하며, 관계의 흐름 속에서 중심을 지킨다. 갈등을 학문처럼 이해하고, 사람과 사람 사이의 서사를 풀어 가는 이야기꾼이다.

기해일주는 철학적 공간에서 인생을 살아가며, 자신만의 진리를 절대화하지 않고 끊임없이 재정립하려 한다. 그들은 말없이 깊은 사유를 실천하는 연결자이며, 침묵이 많은 이유는 그들이 늘 생각하고 있기 때문이다.

• 기해일주의 소통 •
말보다 마음의 결을 따라 흐르는 조용한 대화

―◈―

　기해일주의 소통은 마치 겨울밤의 깊은 샘물처럼 조용하고 절제된 방식이다. 기토는 신중하고 단단한 흙, 해수는 깊고 넓은 감정을 품은 물이다. 두 기운이 만나, 기해일주는 말을 크게 하지 않아도 공감과 이해를 전하는 소통 방식을 가진다.

　그들은 말을 쉽게 하지 않고, 생각과 감정이 정리된 후에야 한마디를 꺼낸다. 이들은 감정을 즉각적으로 드러내지 않고, 충분히 숙고한 후 신중하게 표현한다. 때로 기해일주는 속마음을 알기 어려운 사람으로 비춰지지만, 시간이 지나면 그들의 진심을 느낄 수 있다.

　기해일주는 상대의 감정과 말 속에 숨은 의미를 읽고, 눈빛과 분위기로 소통한다. 필요할 때는 말보다는 행동으로 위로를 건네며, 미묘한 감각을 통해 상대와 소통한다. 그들의 소통은 서두르지 않고, 진심을 알아 가는 과정이다.

　기해일주는 소극적이지 않으며, 신뢰하는 사람과는 깊고 진지한 대화를 나눈다. 이들의 소통은 말보다 마음과 관계의 신뢰를 중요시한다. 결국, 기해일주의 소통은 속도보다는 깊이, 화려함보다는 진심이다.

• 기해일주의 타고난 소질과 삶의 방향성 •
조용한 조율자, 사유의 설계자

기해일주는 깊은 사유력과 정적인 통찰, 그리고 타인의 흐름을 감지하는 민감한 공감 능력을 갖춘 사람이다. 천간 기토의 중심성과 지지 해수의 유연함이 결합되면서, 이들은 말보다 생각이 앞서고, 감정보다 구조를 먼저 파악하는 특성을 지닌다. 그러한 성향은 철학자, 고전학자, 신학자, 인문학자처럼 사유의 틀을 다루는 직업에서 가장 큰 빛을 발한다.

이들은 조용히 세계를 바라보며, 현상 아래에 있는 본질을 읽고자 한다. 교육자나 심리상담사처럼 사람을 깊이 이해해야 하는 분야에도 잘 어울리며, 정적인 학문 외에도 문화기획자, 큐레이터처럼 학문과 감성을 잇는 창의적 역할에서도 탁월하다. 특히 인문학과 예술, 고전과 현대를 연결 짓는 '매개자적 재능'이 두드러진다.

기해일주는 조직 속에서도 중재자이자 설계자로 기능한다. 갈등을 소리 없이 봉합하고, 흐름을 조율하며, 전체의 그림을 잡아내는 능력이 있다. 겉으로는 드러나지 않지만, 그들이 빠지면 전체가 흔들릴 만큼 중요한 구조적 위치를 맡는다.

그들의 직업 세계는 언제나 '조화'를 향한다. 단순히 정보를 전달하는 것이 아니라, 의미와 가치를 통합하며, 지식과 사람, 감성과 질서를 엮어 내는 고요한 설계자. 기해일주는 그렇게, 삶의 무게를 조용히 떠받치며 자신만의 방식으로 세상을 정리하는 사람이다.

기유일주:
절제된 조화, 삶의 균형을 그리는 화가

폴 세잔, 《사과와 오렌지》

• 기유일주의 상 •
정물 위에 올려진 무게감, 정적인 완성의 풍경

―――◈―――

　기유일주는 폴 세잔의 《사과와 오렌지》처럼, 질서와 구조를 중시하는 내면의 미학을 가진 존재다. 세잔의 작품에서 과일과 그릇은 무심하게 놓인 듯하지만 철저히 계산된 구도와 색상 배치로 정제된 실용성을 보여 준다. 기유일주도 마찬가지로, 단순해 보이지만 철저히 계획된 삶을 살아간다.

　기토는 포용력과 흙의 에너지를, 유금은 냉정하고 명확한 금속의 특성을 지닌다. 이 두 기운이 결합된 기유일주는 감정보다 이성, 혼란보다 명확함을 추구하며, 내면의 균형과 구조를 중시한다. 그들은 충동보다는 완성된 형태를 중요시하고, 즉흥보다는 숙성된 가치관에 따라 행동한다.

　기유일주는 감정 표현이 서툴지만, 타인의 감정을 섬세하게 살피고 책임을 묵묵히 감당하는 사람이다. 세잔의 정물화처럼, 기유일주는 차가운 금속처럼 보이지만, 그 속에는 일상에 대한 사랑과 애정이 깃들어 있다. 그들은 세상의 질서를 단정하게 만들며, 혼란 속에서도 제자리를 지키는 법을 안다.

　결국 기유일주는 삶이라는 정물 위에 놓인 사과와 오렌지처럼 단순하지만 완결성 있는 존재로, 세상에 의미 있는 형태를 올려놓는다. 그들의 삶은 격렬하지 않지만, 오랫동안 기억되는 깊이를 가진다.

• 기유일주의 소통 •
조용한 결, 섬세한 공감의 언어

기유일주의 소통은 정갈하고 절제된 방식으로, 말보다 분위기와 시선으로 마음을 전하려 한다. 기토의 부드럽고 내성적인 성격과 유금의 세련되고 절제된 특성이 만나, 이들은 감정을 과잉 표현하지 않으며, 대화를 통해 내면의 품격을 유지한다. 말은 조심스럽고, 불필요한 말을 경계하며, 상대를 살피는 섬세한 균형을 중시한다.

이들은 처음에는 차갑고 거리감이 있을 수 있으나, 시간이 지나면 진심과 배려가 드러난다. 기유일주는 직선적인 표현보다는 은유와 상징을 선호하며, 자신의 말에 깊은 사유와 상대에 대한 존중을 담는다. 그들의 말투와 단어 선택은 매우 신중하며, 감정을 싣고 무심코 던진 말이 상처가 될까 염려한다.

소통에서 기유일주는 화려하거나 직선적이지 않지만, 그 안에 담긴 무게와 정서는 결코 가볍지 않다. 말의 양보다 질을 중요시하고, 감정보다 균형과 여운을 중시한다. 그들의 대화는 시간이 지날수록 그 진가가 드러나며, 말보다 마음을 먼저 느끼게 한다.

기유일주는 조용히, 그러나 단단하고 정제된 방식으로 사람들과 마음을 나누며, 침묵 속에 공감을 담고, 짧은 말에 신중함을 실으며 진심을 숨긴다. 그들의 진심은 시간이 흐를수록 더욱 아름답게 빛난다.

• 기유일주의 타고난 소질과 삶의 방향성 •
정리, 질서, 정밀한 분야에 적합

기유일주는 정리된 사고와 구조적 접근에 강한 사람이다. 복잡한 정보를 단순화하고, 혼란 속에서 원리를 찾아내는 능력이 탁월하다. 이는 회계, 기획, 건축, 연구, 법률 같은 체계 중심의 직업에서 특히 빛을 발한다.

동시에 그들은 감각과 이성을 겸비해, 예술이나 인문 분야에서도 의미를 구조화하는 데 뛰어나다. 정물화의 구성처럼, 단순한 사물에도 질서와 미감을 읽어 내는 재능이 있다. 큐레이터나 작가, 편집자처럼 '의미를 배열하고 선택하는' 직업에 어울리며, 도슨트나 콘텐츠 기획자처럼 '정보를 정제해 전달하는' 역할에도 적합하다.

기유일주는 실용과 미감, 분석과 창조를 동시에 아우르는 드문 균형 감각을 지닌다. 이들은 세상을 낱낱이 분석하는 동시에, 그 조각들을 다시 유기적으로 엮어 하나의 질서를 만들어 낸다. 데이터 분석가로서 통찰을 제시하거나, 인문학자로서 개념을 정리하며 말하는 힘을 가질 수 있다. 기유일주는 삶과 일을 정리된 구조 안에서 이해하고, 의미와 질서를 세우는 전문가형 인간상이다.

기미일주:
결실의 들녘, 책임과 조화의 풍경

빈센트 반 고흐, 《추수(The Harvest)》

• 기미일주의 상 •
누렇게 물든 평원의 깊은 숨결

―――◆―――

　기미일주는 마치 빈센트 반 고흐의 《추수》 속 밀밭처럼, 고요하지만 깊은 준비와 순환이 이루어지는 존재다. 기토와 미토의 결합은 변화가 느리지만 내면적으로는 풍요롭고 치밀한 움직임을 담고 있다. 빈센트 반 고흐의 그림 속 들판은 시간과 노력, 자연의 섭리를 오롯이 품고 있으며, 기미일주 역시 삶을 묵묵히 지탱하고 길러 내는 사람이다.

　기미일주의 삶은 드러내기보다는 스며들기를 택한다. 그들은 생색 내지 않고 자신의 몫을 다하며, 중심을 잡아 주는 역할을 한다. 고요하지만 감정과 생각이 층층이 쌓인 이들은 말보다 행동, 결과보다 과정, 화려함보다 충실함을 더 귀하게 여긴다. 그들은 사랑과 헌신을 아끼지 않으며, 공동체의 안정을 위해 자신을 드러내지 않고 조율하고 배려한다.

　고흐가 밀밭을 반복적으로 그린 이유처럼, 기미일주는 반복되는 일상 속에서 본질적인 의미를 추구하며, 비옥한 흙처럼 사람들의 삶을 길러 내고, 길러지며 살아간다. 이들은 눈에 띄는 성과보다 시간과 정성으로 이루어진 완성도를 추구하며, 한 사람의 곁을 오래 지키고, 한 가지 신념을 오래 품는다.

　기미일주는 빈센트 반 고흐의 밀밭에서 보이는 뜨겁고 거친 햇살 속에서도 식지 않는 희망과 지속의 힘처럼, 단단하고 따뜻한 흙으로 세상을 길러 내며, 묵묵히 풍요의 계절을 준비하는 사람이다.

• 기미일주의 소통 •
말보다 마음, 속도보다 결의 흐름

―――◈―――

　기미일주의 소통은 서두르지 않으며, 마치 여름날 그늘 아래 천천히 우러나는 차처럼 깊어져 간다. 기토의 부드럽고 신중한 기운과 미토의 따뜻한 기운이 결합되어, 이들은 감정을 드러내기보다는 신중하게 반응하며 상대의 감정을 조용히 살핀다. 말은 쉽게 하지 않지만, 그들의 한마디는 무게가 있으며, 깊은 사유와 진심을 담고 있다.

　기미일주는 분위기와 맥락을 중요시하고, 시선, 말투, 뉘앙스를 섬세하게 감지하며 상대를 배려한다. 간접적이고 예의 바른 표현을 선호하며, 때로는 답답하게 느껴지지만 이는 상대를 존중하고 관계를 오래 이어 가려는 의도에서 나온다. 갈등이 생겼을 때도 거리를 두고 조율을 시도하며, 소통은 단발성이 아닌 장기적인 리듬을 지닌다.

　기미일주의 소통은 깊고 오래 남으며, 단어보다는 마음을, 속도보다는 결을 중요시한다. 그들의 대화는 진심을 담은 말들의 정원처럼 위로받고 깊은 정서의 결을 만날 수 있는 소통이다.

• 기미일주의 타고난 소질과 삶의 방향성 •
돌봄, 관리, 교육, 건강, 정신 분야

　기미일주는 조용한 책임감을 바탕으로, 타인과 조직을 안정시키는 데 탁월한 자질을 지녔다. 그들은 눈에 띄는 화려함보다, 묵묵히 삶의 질서를 유지하고 돌보는 능력이 뛰어난 사람들이다. 이 일주는 특히 관리와 운영, 돌봄과 교육, 복지와 정서적 치유 등 '조화와 헌신'이 요구되는 분야에서 두각을 나타낸다. 감정에 쉽게 휘둘리지 않으면서도 따뜻한 공감 능력을 지녔기에, 타인의 아픔을 지나치지 않고 적절히 품어 낼 수 있다.

　인문학적 성찰과 현실적 실행력이 함께 작동하는 기미일주는 교사나 작가, 심리상담사, 사회복지사 같은 직업에 잘 어울린다. 그들은 큰 소리로 가르치기보다 삶으로 가르치며, 단기 성과보다는 장기적 안정과 성장을 중시한다. 교육이나 복지, 건강관리, 행정 등 일상과 밀접한 영역에서도 탁월한 조직 감각과 꾸준함으로 존재감을 드러낸다.

　기미일주는 일을 시작하면 중도에 포기하지 않고 끝까지 책임지는 성실함을 지니며, 그 과정에서 타인의 성장을 돕는 데 보람을 느낀다. 말로 치유하기보다 공간과 구조를 만들어 타인이 안심하고 머물 수 있게 한다. 이들은 속도보다 방향, 관계보다 시스템, 감정보다 의미를 중시하는 관리자형 인간이다. 단단하지만 부드럽고, 느리지만 깊으며, 조용하지만 든든한 존재다. 기미일주는 그렇게 삶의 뒤편에서 오래도록 빛나는 역할을 해낸다.

PART 7

절제가 곧 존재의 미학, 단단한 쇠의 절제된 힘

경
(庚)

모든 것에는 단단해지는 시간이 필요하다.

쇠는 처음부터 단단하지 않다. 불 속에서 달구고, 망치로 두드리고, 물로 식히고, 다시 담금질하는 고통의 시간을 통과해야만 비로소 단단해지고, 유용해지고, 믿음직한 도구가 된다. 경금(庚金)은 그런 시간의 축적 속에서 태어난 쇠의 기운이다. 그것은 단단하고, 냉정하며, 명확하고, 정직하다.

그 이면에는 끊임없는 단련과 절제의 흔적이 겹겹이 배어 있다.

경금은 무언가를 벼려 내는 힘이다. 다듬지 않으면 거칠지만, 잘 다듬으면 어떤 것도 뚫고 나아갈 수 있는 날카로운 선이 된다. 경금의 사람들은 삶을 벼려 내는 방식으로 살아간다. 자신을 단련하고, 감정을 절제하며, 무질서한 상황 속에서도 질서의 중심을 세운다. 그들은 애써 부드럽게 보이려 하지 않고, 정직하게, 단단하게, 다소 냉정하더라도 사실 그대로를 말하고 행동하는 사람들이다.

경금의 세계는 흑백이 분명하다.

모호함보다는 분명한 선, 타협보다는 원칙, 그리고 무엇보다도 내면의 일관성을 중요하게 여긴다. 그들이 차갑게 느껴질 수 있는 이유는, 그 절제가 감정의 표현을 억제하기 때문이다. 하지만 그 절제는 무심함이 아니라 통제된 책임감에서 비롯된다.

경금은 '감정'이 아니라 '의지'로 움직이는 사람들이다.

그들의 말은 짧고 간결하며, 자신을 장식하는 말보다 무게감 있는 행동을 중시한다. 경금의 사람은 '무엇을 말했느냐'보다 '어떻게 행동했느냐'로 자신을 설명한다. 그들에게는 삶을 낭비하지 않으려는 태도, 스스로를 정확히 알고 깎아내려 가는 진중한 자기 성찰이 있다. 그것은 고통스럽지만, 거짓 없는 인생을 살고자 하는 내면의 도덕성에서 비롯된 것이다. 경금의 기운을 가진 사람들은 불편한 진실을 외면하지 않고, 무질서 속에서도 스스로 기준이 되려 한다.

그들은 자기 자신에게도, 타인에게도 관대하지 않다. 그러나 그 날카로움은 결코 파괴적이지 않다. 그것은 삶을 더 나은 방향으로 벼려 내고, 사람 사이에 숨은 불균형을 정직하게 직시하는 정화의 칼이기도 하다. 경금은 사람에게 꼭 필요한 도구와도 같다. 필요할 땐 강하고 정확하게, 그러나 불필요한 곳에서는 자신을 숨기는 절제된 기품이 있다. 그들은 필요 이상으로 나서지 않지만, 누군가가 기준을 잃고 흔들릴 때 조용히 그 자리를 지키며 말한다. "지금은, 단단해져야 할 때다."

경금의 기운을 품고 살아가는 여섯 사람의 초상을 명화 속에서 조각처럼 따라가 보자.

그들은 유연하지 않지만 단단했고, 달콤하지 않지만 믿음직했으며, 불편했지만 정직한 삶을 살아왔다. 그들의 날은 사람을 상처 내기 위해서가 아니라, 삶을 벼리기 위해 존재했다. 그 단단함이 얼마나 깊은 아름다움을 담고 있었는지를 지금부터 함께 마주해 보려 한다.

경오일주:
불타는 정의, 칼날 위의 태양

● ● ● ● ● ●

외젠 들라크루아, 《민중을 이끄는 자유의 여신》

• 경오일주의 상 •
피어오르는 혁명의 불꽃

───◈───

경오일주는 뜨겁다. 그 뜨거움은 단순한 열정이 아닌 고통과 투쟁을 포함한 에너지로, 냉철한 경금과 타오르는 오화가 충돌하며 만들어진다. 외젠 들라크루아의 《민중을 이끄는 자유의 여신》에서 볼 수 있듯, 혼란과 절규 속을 뚫고 전진하는 여신은 경오일주의 정신적 자화상이다.

이들은 세상의 모순에 분노하며, 이상을 행동으로 옮기는 내면의 혁명가다. 사랑과 정의는 절반으로는 받아들이지 않으며, 전부를 걸고 자신을 던져 살아간다. 그들의 행동은 온몸으로 부딪힌 결과이며, 그들의 침묵은 단단하고, 그들의 말은 불처럼 타오른다.

경오일주의 불꽃은 파괴가 아닌 새 질서를 위한 의식이다. 그들은 외롭고 힘든 길을 택하지만, 헛된 싸움을 하지 않는다. 그들의 삶은 타협이 아닌 선언이며, 아름다워지기를 바라는 투사다. 경오일주는 고요하지만 뜨겁게, 자신만의 혁명을 살아가는 존재다.

• 경오일주의 소통 •
뜨거운 진심을 날카롭게 담아내는 언어의 검

경오일주의 소통은 강렬하고 명료하다. 경금은 칼처럼 날카롭고, 오화는 직진적이며 뜨겁다. 이들은 말의 무게를 중시하며, 감정을 숨기기보다는 직설적으로 핵심을 말한다. 감정의 기복을 대화에 싣지 않고, 대화의 흐름을 자기 방식으로 이끌어 가려 한다.

경오일주는 쉽게 말하지 않으며, 말한 것은 반드시 지키려 한다. 그들은 단순히 듣는 사람이 아니라, 자신의 의견을 뚜렷이 표현하며, 논리적 대립도 주저하지 않는다. 이들의 소통은 직선적이지만, 때때로 차갑고 단호한 인상을 줄 수 있다. 감정보다는 진심을 중요시하며, 비판과 조언도 직설적으로 한다.

그들은 '진심을 숨기지 않는다'는 점에서 투명하고 신뢰를 얻기 쉽다. 그러나 감정 표현에 서툴며, 실천으로 마음을 전하는 경향이 있다. 경오일주의 소통은 정확함과 진심을 담아 깊은 인상을 남긴다.

• 경오일주의 타고난 소질과 삶의 방향성 •
예술, 정치, 혁신, 조직 개편

경오일주는 타고난 표현자이며, 삶을 단지 해석하는 데서 멈추지 않고 적극적으로 창조하려는 성향이 강하다. 강렬한 에너지와 이성적 판단이 공존하는 이들은 예술, 정치, 사회, 교육 등 다양한 분야에서 강한 임팩트를 만들어 낸다. 특히 광고, 영상, 무대 연출, 교육 콘텐츠 기획, 창업, 캠페인 등의 분야에서 창조성과 기획력이 탁월하다.

설득력 있는 언변과 강한 추진력은 단체를 이끌거나 변화를 유도하는 데 유리하며, 카리스마 있는 리더로 자연스럽게 중심에 선다. 운동, 인권, 언론, 법률 등 사회적 정의와 직결되는 분야에서 정의감이 발현될 경우, 뛰어난 개혁가적 성과를 낼 수 있다.

단, 이 모든 장점이 지나치면 독선과 고집으로 흐를 수 있고, 감정의 폭발로 인해 인간관계에서 충돌이 생기기 쉽다. 그래서 경오일주에게는 '에너지의 조절'이 중요한 과제다. 자기표현과 타인 수용 사이에서 균형을 잡을 수 있다면, 그들은 언제나 중심을 이끄는 창조적 리더가 된다. 뜨거운 에너지 속에 숨은 냉정한 전략가, 그 속에서 빛나는 존재가 바로 경오일주다.

경진일주:
현실 속 이상을 품은 여행자

안견, 《몽유도원도》

• 경진일주의 상 •
안개 낀 이상향을 걷는 자

경진일주는 현실과 이상 사이의 경계에 서 있는 존재다. 경금의 단단함과 진토의 유연함이 결합되어, 그들은 냉철한 이성으로 현실을 읽으면서도 꿈과 이상을 향해 나아간다. 진토의 변화무쌍한 성질은 마치 안견의《몽유도원도》처럼, 현실적이면서도 비현실적인 경계를 그린다. 이들은 현실 속에서 이상을 추구하는 이들로, 세속의 기준에 맞춰 살지 않으며, 그 대신 더 넓고 깊은 가능성의 세계로 향한다.

경진일주는 '깨어 있는 몽유자'로, 계산적인 두뇌와 예민한 직관을 갖추어 세상의 흐름을 읽고 방향을 바꾼다. 그들의 삶은 현실적인 목표와 더 큰 이상 사이에서 긴장을 유지하며, 그 길을 두려움 없이 걷는다.《몽유도원도》처럼, 그들은 세속과 도원의 경계에서 이상향을 실현하려는 여정을 이어 가며, 매 걸음마다 새로운 의미를 창조한다.

• 경진일주의 소통 •
침묵 속에 품은 무게, 질서를 향한 언어의 구조화

경진일주의 소통은 단어 하나, 문장 하나에 깊이를 담으려는 구조화된 방식이다. 경금의 이성과 진토의 응축된 에너지가 만나, 말은 적지만 정확하고 신중하게 전달된다. 이들은 말을 하기 전에 먼저 관찰하고, 상대의 의도와 맥락을 파악한 후 판단을 내린다. 소통은 감정의 표출이 아니라, 자기 자신과 세계 사이의 윤리적 계약으로, 그들은 감정보다는 논리와 방향성을 중시한다.

경진일주는 중요한 말을 아끼고, 의미 있는 순간에 정중하게 입을 연다. 그들의 말은 신중하고 절제되어 있지만, 말의 무게를 잘 알기에 깊은 인상을 남긴다. 감정적 호소보다는 논리적 설득에 능하며, 직장이나 공적인 자리에서 큰 신뢰를 얻는다. 다만 감정적 유대나 수다의 영역에서는 다소 답답하게 느껴질 수 있다. 말하는 데 많은 시간이 걸리지만, 그들의 침묵 속에는 깊은 사유가 담겨 있다.

경진일주는 '말한 이상 지켜야 한다'는 윤리를 내면에 품고 있다. 그들의 소통은 말의 양보다는 말의 구조와 진심에 집중된다. 경진일주의 소통은 고요한 설계도처럼, 깊고 오래 남는 언어의 힘으로 기억된다.

• 경진일주의 타고난 소질과 삶의 방향성 •
예술가, 설계자, 사유하는 조직가

―◆◈◆―

경진일주는 이성과 감성, 구조와 상상이 절묘하게 공존하는 기질을 지녔다. 사유의 깊이와 함께 표현의 감각도 뛰어나, 복잡한 개념을 구체적인 형태로 구현할 수 있다. 예술, 철학, 도시계획, 심리학, 교육, 법률, 문화기획 등 다양한 분야에서 유연한 적성을 보인다.

단순히 따라가는 것이 아니라, 전체를 조망하고 설계하려는 기획력과 통찰을 갖췄다. 겉은 조용하지만 속은 분주하며, 정적인 것 속에서 역동적인 흐름을 만들어 낸다. 자신의 안과 밖, 현실과 이상을 연결하며 독창적인 길을 개척하는 능력도 탁월하다.

연구자적 성향과 예술가적 감수성, 전략가적 시야가 동시에 작동하는 독특한 일주다. 조용히 제 역할을 하면서도, 어느 순간에는 구조를 바꾸는 결정적인 역할을 수행할 수 있다. 세밀하게 계획하고도 큰 그림을 그릴 줄 아는 균형 감각이 그들의 최대 장점이다.

고전과 전통을 중시하면서도, 새로운 사조에 대한 감각도 뛰어나 시대를 매개한다. 다만, 지나친 내향성과 고독 추구는 사회적 연결을 끊고 현실 회피로 이어질 수 있다. 자신만의 이상을 지키되, 타인과의 소통을 통해 더 큰 구조로 나아가야 한다.

경진일주는 사색의 철인인 동시에, 세상을 바꾸는 기획자이기도 하다. 그 조용한 실행력과 단단한 기획 의지는 조직과 사회에 깊고 지속적인 영향을 남긴다. 이상과 현실, 고요와 구조, 그 사이의 긴장을 조율하며 살아가는 존재. 그것이 경진일주다.

경인일주:
바위와 소나무 사이를 걷는 자

김홍도, 《총석정도》

• 경인일주의 상 •
강직함과 생동감의 풍경

　경인일주는 단단한 뿌리를 가진 소나무가 바위틈을 뚫고 자라나는 풍경과 닮았다. 김홍도의 《총석정도》는 바로 그러한 이미지를 정교하게 담아낸다. 검고 단단한 바위들은 세월의 풍화에도 무너지지 않고 제자리를 지키고 있으며, 그 사이사이에 뿌리를 내린 소나무는 하늘을 향해 곧고 강직하게 뻗어 간다.

　경금은 잘 벼려진 강철의 기운으로, 논리적이고 판단력이 뛰어난 기질을 상징한다. 반면 인목은 봄의 첫 기운, 모든 생명의 시작을 상징하는 나무로, 성장과 추진력, 생명력을 내포하고 있다. 이 두 기운이 충돌하면 자칫 서로를 상하게 할 수 있지만, 경인일주는 그 긴장을 고요한 질서로 통제할 줄 아는 존재다. 경금의 냉철함은 인목의 생동감과 만나 절제된 행동력으로 나타난다.

　경인일주는 쉽게 움직이지 않지만, 움직일 때는 날카로운 판단과 명확한 목표를 가지고 행동한다. 이들은 단순히 이성적이거나 감성적인 사람이 아니다. 내면에는 뜨거운 생의 의지가 흐르지만, 그것을 드러내는 방식은 치밀하고 단단하다. 마치 바위 위의 소나무처럼, 부드러운 뿌리가 단단한 돌을 비집고 들어가듯, 이들은 고난을 돌파해 내는 의지를 가진다. 그들의 삶은 단조롭지 않다. 외적으로는 조용하고 질서정연해 보이지만, 내면에는 끊임없이 새로운 가능성과 생명력이 솟구친다.

• 경인일주의 소통 •
단단한 논리와 생동하는 직관 사이, 침묵의 전략가

경인일주의 소통은 이성과 직관이 교차하는 지점에서 이루어진다. 경금은 날카로운 언어와 논리를, 인목은 감각적 반응과 본능을 의미한다. 이 둘이 만나면 말은 조심스럽지만 강력하고, 표현은 절제되지만 결코 무디지 않다. 경인일주는 한마디 말에 정확성을 요구하며, 말의 양보다 질을 중시한다.

이들은 먼저 상대의 논리를 파악하고, 감정에 휩쓸리지 않으며 핵심을 짚어 낸다. 그들의 언어는 명확하고 단단하며, 설득력 있는 논리와 무게감 있는 단어 선택으로 소통의 주도권을 쥔다. 그러나 이러한 소통 방식은 때로는 거리감이나 위압감으로 느껴질 수 있다. 경인일주는 감정을 말로 흘리기보다는 책임을 중시하여 행동으로 증명하려는 성향이 강하며, 말의 윤리적 무게를 깊이 인식한다. 공적 관계에서는 냉철한 커뮤니케이터로 인정받으며, 사적 관계에서는 유연한 소통을 배우는 것이 필요하다.

경인일주의 소통은 말을 통해 질서를 세우고 침묵으로 깊이를 더하는 방식이다. 그들의 말은 많지 않지만, 한번 건넨 말은 오래 남는다.

• 경인일주의 타고난 소질과 삶의 방향 •
사유와 실행을 겸비한 조직가

경인일주는 단순한 지식인이나 실무가가 아니다. 이들은 사유와 추진, 독립성 및 구조적 사고를 동시에 지닌 입체적 기질의 소유자다. 천간의 경금은 정제된 이성과 단단한 판단력을, 지지의 인목은 진취적 생명력과 외향적 에너지를 의미한다. 이 조합은 혼자 사유하면서도 실행을 두려워하지 않는 이중 구동의 인물을 만든다.

경인일주는 남들이 보지 못하는 구조와 원리를 꿰뚫고, 기존 질서 속에서 새로운 가능성을 발굴하는 지적 혁신가다. 그들은 정보 습득에 그치지 않고 그것을 해체하고 재구성해 새로운 방향을 제시한다.

경인일주는 외부 세계로 밀어내고, 압박 속에서 질서를 창조하며 책임감 있게 중심을 잡는 힘을 제공한다. 독립성과 자기결정권을 부여해 타인의 기준보다는 스스로의 판단에 따라 움직인다. 따라서 경인일주는 협업보다는 자율, 명령보다는 자발성에 기반해 일하며 독립적 프로젝트나 프리랜서 활동에 적합하다. 이들은 틀을 재구성하고 혁신하는 사람으로, 말보다 구조, 감정보다 원칙을 중시하며 깊이 이해하고 전환하는 삶을 살아간다.

경자일주:
안개 너머를 응시하는 내면의 방랑자

카스파르 다비트 프리드리히, 《안개 바다 위의 방랑자》

• 경자일주의 상 •
차가운 강철, 고요한 물, 안개 낀 봉우리

———◆◆◆———

경자일주는 마치 겨울의 산정에서 찬 안개 속에 외롭게 서 있는 존재처럼 보인다. 그들은 홀로 걷는 길을 두려워하지 않으며, 강한 흐름을 안고 있지만, 그 힘을 결코 드러내지 않는다. 경금은 벼려진 쇠처럼 단단하고, 자수는 겨울 물처럼 깊고 차가운 바다와 같다. 이 두 기운이 만날 때, 세계는 고요한 긴장 속에서 새로운 질서를 창조한다.

프리드리히의 《안개 바다 위의 방랑자》는 경자일주의 정신을 시각적으로 표현한 풍경이다. 흐릿한 세상에서 자신이 가야 할 방향을 고민하는 인물은, 경자일주처럼 현실을 직시하지만, 그 내면에는 이상과 신념이 숨어 있다.

이들은 감정보다 판단을, 속도보다는 방향을 중시하며, 말보다는 행동으로 관계를 맺는다. 고독을 회피하지 않으며, 위험한 길 앞에서도 물러서지 않는다. 그들은 실용과 전략을 넘나들며, 예리한 통찰력으로 흐릿한 사회 속에서 자신의 자리를 찾는다.

경자일주는 절제의 미학을 중시하며, 자신을 연마하고 다듬는 여정을 살아간다. 세상이 시끄럽더라도 그들은 자신만의 리듬을 지키며, 고요하게 흐른다. 그들의 눈빛은 세상의 방향을 가리키는 나침반이 된다.

• 경자일주의 소통 •

말 없는 결심, 냉철한 직선 속의 신중함

―――◈―――

경자일주의 소통은 얼어붙은 호수 위를 걷는 듯한 조심스러움과 단호함이 공존한다. 경금은 명확하고 단단한 언어를, 자수는 차가운 침묵과 감정 절제를 상징한다. 이들은 불필요한 말을 생략하고, 본질에 닿는 말만을 선택한다.

경자일주는 감정보다 사실을 전달하고, 공감보다 구조적 설명을 중시한다. 말은 적지만, 한 마디 한 마디에 무게가 있어 듣는 이에게 깊은 인상을 남긴다. 즉흥적이지 않으며, 상대의 말과 행동을 관찰 후 반응한다. 이들의 소통은 차가운 인상일 수 있지만, 실상은 신중함과 정직함을 바탕으로 한다. 감정 표현이 적어 '무뚝뚝하다'는 오해를 살 수 있지만, 진심은 침묵과 태도 속에 담겨 있다.

경자일주는 논리와 명확성을 중요시하며, 감정적 호소에 휘말리기보다는 실질적인 방안을 제시한다. 이들의 소통은 직장에서 효율적이고 갈등을 줄이지만, 감성적 교류가 필요한 관계에서는 서운함을 줄 수 있다. 경자일주는 '말 없는 신뢰'와 '조용한 리더십'으로 조직에서 큰 장점이 된다.

요컨대, 경자일주의 소통은 냉철한 진심으로, 말보다 태도와 분위기로 상대를 이해하고 설득한다. 그들의 소통은 감정의 소란보다 이성의 투명함을 닮아 있다.

• 경자일주의 타고난 소질과 삶의 방향성 •
깊이 있는 사유와 리더십의 결합

―――◈―――

경자일주는 논리와 직관이 균형을 이루는 전략가다. 기획력과 분석력, 판단의 정밀도가 뛰어나 체계적 구조를 설계하고 운영하는 데 강점을 가진다. 공직자, 연구자, 금융 전문가, 행정가, 조직 설계자 등 복합적 사고와 실무 능력이 요구되는 분야에 잘 어울린다.

특히 자수의 영향으로 경제 흐름에 민감하며, 경금의 결단력은 재정관리와 수익 창출 능력으로 이어진다. 표면적인 소비보다 구조적 이익을 중요시하며, 장기적 안목으로 재무적 계획을 실행한다. 그들은 '빨리'보다는 '정확히'를 중시하고, 한 번의 선택에 오랜 책임을 지는 신중함을 지닌다. 동시에 감성적 통찰도 있어 명상, 종교, 심리, 철학, 예술 분야에서도 깊이 있는 활동이 가능하다.

경자일주는 조용한 리더이자 묵직한 실행가로, 눈에 띄지 않아도 중심을 잡는 인물이다. 일상의 흐름을 객관적으로 분석하며, 감정에 휘둘리지 않고 데이터를 기반으로 의사결정한다. 이들은 '말'보다 '성과', '계획'보다 '실천'으로 존재감을 증명한다. 프리드리히의 《안개 바다 위의 방랑자》처럼, 먼 곳을 응시하며 길을 설계하고 묵묵히 나아간다.

결정적 순간에 흔들림 없는 판단을 내릴 수 있는 자, 그것이 경자일주의 진가다. 조직과 혼자, 모두에게 필요한 인물이며, 혼돈 속에서 질서를 만들어 내는 자다. 이들은 움직임이 적지만 그 한 걸음의 무게는 크고 오래간다. 경자일주는 그렇게, 조용히 세상을 설계하고 이끄는 사유의 실천가다.

경술일주:
정의의 검을 들고 맹세하는 정신의 전사

자크 루이 다비드, 《호라티우스 형제의 맹세》

• 경술일주의 상 •
절제된 금속성과 말라 가는 대지

―❖―

　경술일주는 절제된 강철과 말라 가는 대지가 만난 존재로, 경금과 술토가 결합된 성질을 지닌다. 경금은 단단하고 날카로운 이성을, 술토는 감정을 삼키는 침묵의 기운을 상징한다. 이들은 말보다 눈빛에 힘이 실리고, 행동보다는 자세에 품격이 밴다. 경술일주는 감정을 드러내기 전에 오래 숙성시키며, 그들의 한마디는 깊은 무게감을 지닌다.

　이들은 감정보다는 공적 신념을 중시하며, 진심으로 옳다고 믿는 일에는 어떤 고통도 감내한다. 자크 루이 다비드의 《호라티우스 형제의 맹세》에서처럼, 경술일주는 조국을 위해 개인적인 고통을 감내할 줄 아는 사람이다. 감정을 섬세하게 나누기보다는 의무감으로 처리하며, 신뢰가 형성되면 그것은 폭풍 속에서도 무너지지 않는 기둥이 된다. 이들의 삶은 드라마틱한 열정이 아니라, 원칙을 묵묵히 지키는 내면의 드라마다.

　경술일주는 혼란 속에서도 중심을 잡고, 원칙을 지키며, 말없이 결단하고 실천하는 존재다. 그들의 절제된 존재감은 가을 끝자락의 들판처럼 쓸쓸하지만 눈부시게 단단하다.

• 경술일주의 소통 •
말 없는 설득, 고요한 권위의 언어

―――◈―――

경술일주의 소통은 가을 들판처럼 조용하고 단단하다. 큰 소리로 외치지 않아도 존재만으로 신뢰를 주며, 말을 아끼는 것만으로 그 자체가 의미를 만든다. 경금과 술토의 결합은 이성과 절제된 감정, 책임감 있는 태도를 기반으로 한다.

경술일주는 감정적인 표현보다는 논리적이고 현실적인 해결책을 선호하며, 불필요한 말은 피한다. 이들은 냉정하지 않지만 감정을 과하게 드러내지 않으며, 진심과 책임감을 속에 숨기고 있다. 사람을 설득할 때 감정으로 흔들지 않고, 신뢰를 기반으로 조용히 이끈다.

경술일주의 말은 조심스럽고 천천히 나오며, 그 안에는 깊은 생각과 판단이 담겨 있다. 이들은 감정적 공감보다는 신중한 생각으로 상대를 이해한다. 갈등이 발생하면 침묵하거나 시간을 두고 정리된 생각을 표현한다. 가까운 사람에게도 말이 적지만, 한번 마음을 연 후에는 평생을 책임지듯 진중한 관계를 유지한다.

이렇듯 경술일주의 소통은 절제와 신중함, 말보다 행동으로 진심을 전하는 방식이다. 이들의 말은 많지 않지만, 그 의미는 오래 남는다.

경술일주의 타고난 소질과 삶의 방향성

법률, 기획, 리더십, 비판적 지성

경술일주는 체계와 원칙, 정의와 구조 속에서 본연의 능력을 발휘한다. 이들은 무너진 틀을 세우고, 혼란을 정리하며, 그 안에 윤리적 기준을 심는 역할에 적합하다. 법조계에서는 냉정한 판단력과 책임감으로 신뢰받는 인물이 되고, 군이나 공직에서는 질서와 헌신, 리더십으로 조직의 중심축이 된다.

그리고 기획이나 전략 분야에서는 장기적 안목과 구조 설계 능력으로 두각을 나타낸다. 그뿐만 아니라 이들은 본질을 꿰뚫는 시선과 사회적 책임의식을 갖추고 있어 철학, 정치, 윤리, 사회비평 등 담론 중심의 분야에서도 영향력 있는 목소리를 낼 수 있다.

경술일주는 단순한 실행자가 아닌, 원칙을 세우고 그것을 관철시키는 설계자이다. 감정보다 구조, 인기보다 명분, 현실보다 신념을 중시하며, 자기 기질을 시대와 공동체에 봉사하는 방식으로 녹여 낸다. 그들에게 '정의'란 추상적 개념이 아니라, 반드시 구현해야 할 실천의 지표다. 이들은 가벼운 유행이나 감정적 분열에 흔들리지 않으며, 자신만의 기준으로 세상을 관찰하고 정리하는 능력을 갖췄다.

다비드의 고전주의 회화처럼, 절제된 구성과 단호한 구도 속에 강한 메시지를 담는 이들. 경술일주는 말한다. 형식은 비어 있는 틀이 아니라, 가장 단단한 신념의 그릇이라고.

경신일주:
세한 속 지조, 고요한 검의 의연함

●●●●●

김정희, 《세한도(歲寒圖)》

경신일주의 상

찬바람 속 의연한 나무 한 그루

경신일주는 김정희의 《세한도》 속 소나무처럼 고요하고 단단하게 서 있는 존재다. 세상은 그들에게 따뜻하지 않지만, 그들은 그 차가운 현실 속에서 자기만의 칼날을 벼리고 내면을 갈아 내며 단단해진다. 경금은 원석, 신금은 그 원석이 드러난 모습으로, 두 기운이 결합하여 단단한 실천을 구현하는 사람이다.

이들은 복잡한 감정을 가공하고 어지러운 현실을 질서로 바꾸려 한다. 감정의 과잉보다 절제, 관계의 확산보다 중심을 택하며, 이는 '세한의 정신'을 따른다. 《세한도》의 소나무처럼, 경신일주는 꽃을 피우지 않지만, 그 진가는 시간이 지나 비로소 드러난다. 이들은 자기 검열을 더 무겁게 여기며, 군중 속에서 쉽게 휘둘리지 않는다. 감정을 절제하고 말보다 행동으로 자신을 증명하려는 신념을 지닌다.

그들의 인생은 빠르지 않으며, 천천히 단단해지는 여정이다. 갈등 속에서도 자기 윤리를 지키며 관찰자로 존재하고, 위기에서 중심을 잡는 사람이 된다. 경신일주는 눈에 띄지 않지만, 묵묵히 서 있는 존재로, 시간의 검증을 기다린다.

• 경신일주의 소통 •
침묵의 날, 말보다 태도에 담긴 정확성과 절제

경신일주의 소통은 마치 잘 벼린 칼날처럼 정제되고 절제되어 있다. 경금은 강한 의지와 단단한 논리, 신금은 판단력과 냉철함을 상징하며, 이들의 소통은 감정보다는 이성, 언어보다는 내용의 정밀도에 초점을 맞춘다. 말보다 말을 준비하는 시간이 길고 깊으며, 감정에 휘둘리는 말을 경계하고 충동적인 표현을 자제한다.

그들은 쓸데없는 말보다는 핵심만을 전달하려 하며, 논쟁 상황에서도 격한 감정을 드러내기보다는 본질을 꿰뚫는 말을 던진다. 이들은 정보 전달자, 전략가, 문제 해결자로서의 면모를 드러내며, 단체 내에서는 감정보다 흐름을 정리하고 결정하는 역할을 맡는다. 그러나 친밀한 관계에서는 감정 교류의 결핍이 문제로 작용할 수 있다.

경신일주는 정확성과 신뢰를 기반으로 소통하며, 침묵 속에 신뢰를 쌓고, 말할 때는 책임을 진다. 그들의 소통은 조용하지만 명확하고, 냉정하지만 결코 무관심하지 않으며, 절제된 침묵과 정확한 언어로 신뢰받는 대화 방식을 갖춘다.

• 경신일주의 타고난 소질과 삶의 방향성 •
예술, 철학, 고전학, 교육

경신일주는 문자와 그림, 언어와 사유의 경계에서 살아가는 사람이다. 말보다 글이, 군중보다 고독이, 실용보다 본질이 익숙하다. 예술가, 서예가, 철학자, 연구자, 문필가 등 지적이며 창의적인 영역에서 빛을 발한다.

이들은 삶의 표면을 넘어서려는 성향을 지녔고, 늘 더 깊은 의미를 탐색한다. 경금의 단단한 자아와 신금의 정교한 실행력은, 이 일주를 고요한 개척자로 만든다. 조직 속에서 빠르게 움직이기보다는, 혼자서 천천히 완성하는 삶에 익숙하다.

자기표현의 도구로 글과 그림을 택하며, 감정보다는 사유를 통해 세상과 연결된다. 김정희가 그러했듯, 이들도 자기만의 《세한도》를 만들어 가는 사람들이다. 그들에게 작업은 곧 명상이고, 한 획의 글씨는 한생의 철학이기도 하다. 속도보다는 깊이, 화려함보다는 절제, 유행보다는 고유함을 선택한다. 작은 언어 하나에 진심을 담고, 글 속에 세상의 본질을 새기려 한다. 무엇보다도 '본래의 나'를 잊지 않으려는 노력 속에서, 고독은 친구가 된다. 경신일주는 그렇게, 시간의 흐름 속에서도 변하지 않는 정신의 조형자다.

PART 8

보석과 칼날, 정제된 아름다움

신
(辛)

빛나는 것은 오랜 시간 깎이고 다듬어져야 한다.

보석이 되기 전, 그것은 거친 광석이었다. 그 속에 빛이 숨어 있다는 것을 알아보는 눈이 필요했고, 그 빛을 드러내기 위해 수많은 깎임을 견뎌야 했다. 신금(辛金)은 그렇게 벼려지고 정제된 기운이다. 날카롭지만 찬란하고, 차가우나 섬세하며, 단단하되 세밀한 아름다움의 결정체다. 신금은 경금보다 더 정밀한 금의 기운이다. 경금이 단련된 도구라면, 신금은 완성된 보석, 혹은 의식적으로 다듬어진 칼날이다. 무엇을 자를 것인가, 무엇을 남길 것인가.

신금의 세계는 선택과 절제의 예술로 이루어져 있다.

신금의 사람은 감정을 표현하기보다는 감정을 디자인하고, 삶을 통과하기보다는 삶을 조각해 나간다. 자기 자신을 깎는 일에 익숙하며, 그 깎인 조각들을 통해 형태와 의미를 완성해 간다.

신금은 늘 조용하다.

시끄럽게 자신을 설명하지 않는다. 그들의 진심은 큰 소리보다도 침묵 속의 눈빛, 선택된 단어, 혹은 말없이 참아 내는 태도 속에 숨어 있다. 이들의 아름다움은 결코 화려하지 않다. 대신, 차가운 기품과 고요한 집중력에서 비롯된다. 그것은 쉽게 닿을 수 없기에 더 매혹적이고, 쉽게 흘리지 않기에 더 진실하다.

그러나 신금의 삶은 외롭다.

그들은 자주 오해받는다. 너무 깔끔해 보여 거리감이 생기고, 너무 정제되어 따뜻하지 않다고 느껴진다. 하지만 그 속을 들여다보면, 신금은 누구보다도 섬세하게 타인을 감지하고, 상처 주지 않기 위해 말을 아끼는 사람들이다. 그들의 날카로움은 공격이 아니라 방어이며, 그들의 차가움은 방심이 아니라 집중이다.

신금은 무엇이든 쉽게 내어 주지 않는다.
 자기 마음도, 자기 시간도, 자기 감정도. 그러나 일단 그 신뢰를 열면 그들은 누구보다 정직하고 깊게 사랑한다. 가볍게 맺고 쉽게 흩어지는 인연보다는 한번 마음을 주고 오래 품는 관계를 중시한다. 그들의 사랑은 고요하고 절제되어 있으나, 내면은 눈부시게 반짝이는 불꽃으로 가득 차 있다.

 그 고요한 날카로움, 단정한 슬픔, 그리고 정제된 감성을 품은 신금의 여섯 인생을 명화 속에서 함께 들여다보자.
 그들은 세상을 찌르지 않았고, 대신 깎아 냈으며, 마음을 흔들지 않았고, 대신 가다듬었다. 그들의 눈빛은 결코 뜨겁지 않지만, 그 깊이는 사람을 오래 기억하게 만든다. 이제부터 우리는, 보석처럼 빛나고 칼날처럼 섬세한 그들의 삶을 따라가 본다. 말보다 날이 먼저 다가오는 시간 속으로.

신미일주:
정제된 자유, 구조 속에서 피어난 본질의 색

●●●●●

피에르 몬드리안, 《빨강, 노랑, 파랑》

• 신미일주의 상 •
절제된 선과 본질의 색채

―◆⟨⟩◆―

신미일주는 절제된 구조 속에서 감정과 생명력을 증폭시키는 존재다. 피에르 몬드리안의 《빨강, 노랑, 파랑》처럼 선명한 색들이 질서 속에서 존재감을 드러내듯, 신미일주는 삶의 구조 안에서 감정을 억제하지 않고 정제하며 강렬하게 증폭시킨다.

경금은 고요한 단절과 완결된 논리를, 미토는 여름의 끝에서 만물이 무르익는 복합성을 상징한다. 이들은 선명한 원칙 안에서 내면의 풍요를 피워 내며, 감정을 격정적으로 드러내기보다 숙성시키고 가장 적절한 순간에 꺼낸다. 신미일주는 불필요한 것을 버리고 본질만을 추출하는데, 사람들과의 관계 또한 질서 안에서 조율한다.

혼자 있을 때 가장 빛나는 이들은 자신의 감정을 분석하고 고요한 언어로 그것을 세상에 전한다. 삶은 그들에게 정제된 예술이며, 혼돈을 치열하게 구성하고 해석하며 내면에서 올곧은 선을 세운다. 그 선은 흔들리지 않지만, 그 안의 색은 항상 떨리고 있다. 신미일주는 정적 속의 동요, 침묵 속의 울림을 통해 완벽한 교차점을 만들어 낸다.

• 신미일주의 소통 •
조용한 정제, 침묵 속의 설득

신미일주의 소통은 정갈하고 단정한 문장처럼 절제되고 깊다. 천간의 신금은 예민하고 섬세하며, 미토는 고요한 대지처럼 안정적이다. 이 두 기운이 만나면 화려한 수사보다는 정확하고 절제된 언어, 깊은 공감보다는 묵묵한 이해가 중심이 된다. 신미일주는 말수가 많지 않지만 그 말은 짧고 간결하면서도 많은 뜻을 담고 있다.

감정적 표현보다는 논리와 사실을 우선시하며, 대화가 산만해지면 불편해한다. 무례하거나 조급한 태도를 싫어하며, 감정적으로 몰아붙이지 않는다. 그들의 소통은 신뢰와 예의를 기반으로 한 장기적인 교류가 필요하다. 공감 능력은 뛰어나지만 감정에 휘둘리지 않고, 차갑거나 냉정하게 느껴질 수 있지만 상처를 주지 않으려는 배려가 깃들어 있다. 서면이나 글쓰기에서도 정제된 문장과 미묘한 뉘앙스로 여운을 남긴다.

결국 신미일주의 소통은 과묵하지만 분명한 말과 절제된 태도로 이루어진다. 그들의 말은 크게 울리지 않지만, 마음속에서 오래도록 반짝이며 남는다.

• 신미일주의 타고난 소질과 삶의 방향성 •
예술, 디자인, 기획, 이론가적 재능

신미일주는 복잡한 사물이나 감정을 본질적으로 해석하고, 그것을 정제된 형태로 표현하는 사람이다. 표면에 휘둘리지 않고, 그 이면에 있는 구조와 원리를 파악하는 능력이 뛰어나다. 감성과 논리, 직관과 분석이 균형을 이루는 사고방식을 지닌다.

이로 인해 예술과 철학, 디자인과 기획, 브랜딩 등 다차원적 사고가 필요한 분야에서 두각을 나타낸다. 그는 감정에 빠지기보다는 감정을 이해하고 배열하며, 사람과 상황을 꿰뚫는 통찰로 조용한 영향력을 발휘한다. 신미일주의 언어는 절제되어 있지만, 그 안에는 깊은 메시지가 담겨 있다.

그의 설계는 결코 장식적이지 않으며, 항상 본질을 중심에 둔다. 몬드리안이 자연을 단순한 선과 색으로 재구성했듯, 신미일주는 세상의 복잡성을 자신만의 미학으로 환원시킨다. 정보와 감정, 관계와 사상을 정리하고, 그 안에서 조화로운 해답을 끌어내는 능력이 탁월하다. 이들은 조용한 전략가이자, 시적인 설계자이며, 감성을 다룰 줄 아는 철학자다.

과잉을 경계하고, 절제된 아름다움을 통해 설득하는 이들. 그들의 성공은 소란스러운 외침이 아니라, 정리된 한 장의 이미지처럼 다가온다. 바로 그 점에서 신미일주는 조율자이며, 시대의 본질을 꿰뚫는 감각의 소유자다.

신사일주:
빛나는 절제, 웃음 뒤의 고요한 강철

● ● ● ● ●

P.S. 크뢰위에르, 《"힙 힙 호레이!" 스카겐에서 열린 화가들의 파티》

• 신사일주의 상 •
축제의 순간, 냉철한 시선의 균형

신사일주는 P.S. 크뢰우에르의 파티처럼 활기차고 사교적인 온기로 가득하지만, 그 안에는 한 치 흐트러짐 없는 절제의 시선이 흐른다. 그는 사람들 사이에서 빛나지만, 그 모든 사교성은 본능이 아닌 전략이다. 신금은 세공된 금속처럼 반짝이지만, 날카롭고 조용한 힘을 품고 있다. 사화는 밝고 따뜻한 불꽃이지만, 그 뜨거움은 한 점에 모인다.

신사일주는 세상의 이목을 받는 자리에 서 있으면서도 자기 자신을 잃지 않는다. 그의 사교성은 중심을 잃지 않으며, 감정이 고조되는 순간에도 자신을 뒤에서 바라본다. 그는 단지 '잘 노는 사람'이 아니라 분위기를 읽고 정서를 주융하는 사람이다. 신사일주는 중심을 고집하지 않고, 즐기되 넘치지 않는다. 그의 내면은 단단하고 정확한 감정 조율 능력을 지닌다. 그는 자기감정의 주인이 되며, 정열적으로 웃으면서도 냉정하게 빠져나온다.

신사일주는 감정을 느끼되 감정에 휘둘리지 않으며, 내면의 균형을 외부로 투사하는 존재다. 그가 만들어 내는 빛은 구조와 깊은 조율 속에서 완성된다. 신사일주는 정제된 연출가로, 삶을 자신의 리듬으로 걷는다.

• 신사일주의 소통 •
날카로운 언어, 절제된 열정의 설득

　신사일주의 소통은 정밀하고 강렬하다. 신금은 날카롭고 이성적인 언어를 상징하며, 사화는 그 언어에 열기와 추진력을 불어넣는다. 이들은 말을 쉽게 흘리지 않고, 한 마디 한 마디를 신중하게 골라낸다. 감정보다는 이성과 논리로 말하며, 정확성과 진위를 중시한다.

　그들은 감정을 억제된 방식으로 전달하고, 말에 단호함을 실어 상대에게 때로는 차갑게 느껴지기도 한다. 하지만 그 안에는 배려와 자제의 힘이 숨겨져 있다. 신사일주는 지적 소통에 능하며, 감정 없이 논리적으로 상대를 설득하려 한다. 그러나 그들은 마음속으로 뜨겁게 공감하며, 감정을 드러내기 전에 항상 정제하고 조율한다.

　신사일주는 관계가 쌓이면 깊고 정직한 소통을 추구하고, 서면에서도 명확하고 직설적인 표현을 사용한다. 그들의 소통은 이성과 감정이 교차하는 날카로운 직선처럼, 신중하지만 힘 있는 소통을 보여준다.

• 신사일주의 타고난 소질과 삶의 방향성 •
예술과 전략의 복합적 자질

신사일주는 예술가의 감성과 전략가의 두뇌를 함께 지닌 이중 구조의 인물이다. 그들의 감각은 직관적이지만, 표현은 치밀하고 논리적이다. 그래서 한 장의 이미지를 기획하듯, 사람의 감정과 관계를 설계하는 능력이 탁월하다. 브랜드 디자이너로서 미적 직관을 발휘하거나, 예술 행정가로서 창의와 시스템을 아우르는 역량을 보인다.

또한 감성 마케팅과 같은 정서적 흐름을 파악하고 활용하는 분야에서 강점을 드러낸다. 감정을 읽고 그것을 구조화해 전달하는 '조율의 언어'를 지녔으며, 이는 상담, 교육, 연구, 콘텐츠 기획 등에서도 높은 성취를 이룰 수 있는 자산이 된다.

겉으로는 절제되어 있지만, 그 안에는 늘 정서적 흐름에 대한 깊은 관심과 통찰이 흐른다. 예술을 하더라도 혼돈이 아닌 구성, 본능이 아닌 의도로 접근하는 경향이 강하다. 그래서 감각은 있지만 즉흥적이지 않고, 창의는 있지만 통제가 가능하다. 기획, 편집, 연출, 디렉팅 등 장면과 흐름을 다루는 역할에 특히 잘 어울린다.

사람을 진심으로 이해하면서도, 거리를 유지하며 객관성을 잃지 않는 균형이 장점이다. 복잡한 감정이나 집단의 분위기를 꿰뚫어 보고, 설계도처럼 정리하는 능력은 탁월하다. 예술과 이성, 감정과 구조를 동시에 다룰 수 있는 신사일주는 다중감각의 설계자라 할 수 있다. 그들은 '감정의 전략가'이며, '이성의 예술가'라는 표현이 가장 잘 어울리는 존재다.

신묘일주:
구조화된 감정, 선과 색의 논리

바실리 칸딘스키, 《구성 8》

• 신묘일주의 상 •
선과 점, 논리적 질서 속의 감성

    신묘일주는 바실리 칸딘스키의 《구성 8》처럼 시각적 구조 속에 감정의 미학을 숨긴 존재다. 겉으로는 정돈되고 논리적이지만, 그 안에는 미세한 감정의 결이 흐르고 직관의 파동이 있다. 신묘일주는 삶을 수학적이고 음악적인 예술로 바라보며, 감정조차 체계적으로 다룬다.

    신금은 날카롭고 정확한 사고를, 묘목은 감성과 직관을 더해 준다. 이들은 논리적이고 이성적인 사람처럼 보이지만, 말투 속에서도 따뜻한 배려와 진심이 묻어난다.

    신묘일주의 삶은 즉흥적이지 않고, 설계된 흐름을 따른다. 칸딘스키가 수학적으로 구상한 그림처럼, 신묘일주는 삶을 의미와 미감으로 배치한다. 일을 대할 때도 정확하고 단정한 태도를 유지하지만, 그 안에는 깊은 정성과 애정이 담겨 있다. 그들은 철저한 구조 안에서 자신과 타인의 감정을 지키며, 세상과의 관계에서도 섬세한 공명을 일으킨다. 신묘일주는 논리와 감정을 결합해 일상을 설계하고, 그 속에서 감정의 동심원을 완성한다.

• 신묘일주의 소통 •
말 없는 공감, 절제된 언어의 미학

신묘일주의 소통은 마치 조용히 흐르는 물처럼 균형을 이룬다. 신금의 날카로운 내면은 말을 정제하고 감정을 절제하며 진심을 숨긴다. 반면 묘목은 부드럽고 섬세해 타인의 마음을 예민하게 읽고 그 흐름을 따른다.

이 둘이 만난 신묘일주는 소리에 앞서 침묵을 존중하며, 말을 던지기 전에 의미와 여운을 깊게 계산한다. 그들은 예의와 격식을 중시하며, 차분하고 정돈된 말로 신뢰를 쌓는다. 그러나 절제된 태도는 때때로 '마음을 열지 않는' 인상을 줄 수 있다. 신묘일주는 말을 적게 하지만 그 속에 깊은 의미와 배려를 담아내며, 말보다 태도와 표정으로 소통을 이끈다.

그들은 소통의 미학을 알고, 말의 여백과 표현의 결을 섬세하게 조율한다. 서면 소통에서도 간결하고 품위 있는 문장을 선호하며, 말하지 않아도 전달되는 감정을 중시한다. 신묘일주의 소통은 말보다 여운과 태도, 분위기를 우선시하며, 그들과의 대화는 항상 깊고 절제된 울림을 남긴다.

신묘일주의 타고난 소질과 삶의 방향성
정교한 창조자, 감성의 설계자

감정의 미묘한 결을 읽어 내는 능력과, 그것을 논리적으로 재구성하는 능력이 뛰어나다. 그래서 그들은 예술가로서만이 아니라, 기획자나 조직 설계자로서도 두각을 나타낸다. 디자이너로서는 감각적인 균형감, 심리상담가로서는 직관적 공감력과 냉철한 분석력을 동시에 발휘한다.

예술평론가로서는 감상과 구조를 잇는 언어를 갖고, 교육자로서는 감정의 흐름과 지식의 체계를 잇는다. 브랜드 기획자나 전략가로도 뛰어난 자질을 보이는데, 이는 전체와 디테일을 동시에 볼 수 있는 힘 때문이다.

신묘일주는 단순히 창의적인 아이디어를 내는 데 그치지 않고, 그것을 세련된 구조로 완성해 내는 능력이 있다. 그들의 창의성은 자유분방한 것이 아니라 정제된 형태이며, 감정 또한 날것보다는 다듬어진 언어로 표현된다. 이들은 조직 안에서도 튀지 않으면서 중심을 잡는 존재가 될 수 있다. 감성적인데 안정적이고, 냉철한데 따뜻하기 때문이다. 말보다 결과로 자신을 증명하며, 조용히 그러나 분명한 궤적을 남긴다.

예술, 경영, 교육, 심리 등 다양한 영역에서, 신묘일주는 중심을 읽고 설계하는 자로 기능한다. 그들의 작업은 가볍지 않으며, 늘 내면의 진지함과 세심함이 깃들어 있다. 그래서 신묘일주는 시대의 흐름을 읽고 그것을 정제된 질서로 바꾸는 조용한 혁신가다.

신축일주:
고요한 중심, 겹겹이 쌓인 인생의 동심원

바실리 칸딘스키, 《동심원이 있는 사각형》

신축일주의 상

사각 틀 속의 동심원, 구조 속의 감성

　신축일주는 바실리 칸딘스키의 《동심원이 있는 사각형》처럼 구조와 감성, 경계와 파동이 동시에 존재하는 삶의 양면성을 지닌 존재다. 신금은 정제된 금속처럼 단단하고 예리한 이성을 상징하며, 지지의 축토는 고요한 땅처럼 보존과 안정감을 지닌다. 이 두 기운이 만나, 신축일주는 조용히 자기 삶을 설계하며, 감정을 쉽게 드러내지 않고 차곡차곡 쌓아 가는 사람이다. 그들은 일상에서 규칙을 따르지만, 그 안에서 동그란 감정을 서서히 펼쳐 내며 자기 자신을 완성해 나간다.

　신축일주는 내면의 감정과 이성을 조화롭게 결합하여 사랑, 우정, 헌신을 신중하게 표현한다. 그들의 감정은 폭발하지 않으며, 구조 속에서 깊어지고 쌓인다. 신축일주의 삶은 단단한 틀 안에서 감정의 미세한 떨림이 순환하는 방식으로 전개된다. 외부 자극에 쉽게 반응하지 않으며, 자기만의 세계를 확립하고 확장하는 사람이다. 그들의 삶은 경계 안에 숨겨진 부드러운 감성으로, 깊고 신중한 흔적을 남긴다.

• 신축일주의 소통 •
침묵 속의 신뢰, 절제된 말의 무게

 신축일주는 말이 적지만, 그 말에 무게가 있다. 겉으로는 조용하고 감정을 쉽게 드러내지 않지만, 내면에는 강한 의지와 원칙을 따르려는 정신이 있다. 천간의 신금은 정제된 언어와 판단력을 상징하고, 지지의 축토는 깊고 묵직한 침묵을 품고 있다. 이 두 기운이 만나면, 신축일주는 소통에서 절제와 신중함, 쌓이는 신뢰를 중요시한다.

 말의 양보다는 질을 중시하며, 필요할 때만 말을 꺼내고, 그 말은 간결하면서도 깊은 울림을 남긴다. 이들은 타인의 감정을 쉽게 파악하지 않지만, 신뢰가 쌓이면 오랫동안 관계를 유지하려 한다. 대화에서는 서두르지 않고, 일관된 흐름을 선호한다. 감정 표현이 적어 때로는 무관심하게 보일 수 있지만, 실질적인 도움이나 조용한 응시로 대신한다.

 신축일주의 소통은 진실되고 지속적이다. 말보다는 태도, 감정보다 신뢰로 이루어지며, 한번 내뱉은 말에 책임을 지고, 결코 쉽게 등을 돌리지 않는다. 그들의 말은 적지만 결코 가볍지 않으며, 침묵 속에서 진심이 전해진다.

• 신축일주의 타고난 소질과 삶의 방향성 •
구조를 세우는 사람, 차분한 영향력의 설계자

―――◈―――

　신축일주는 구조를 세우고 질서를 유지하는 데 강점을 지닌다. 건축가처럼 공간을 설계하고, 회계사처럼 숫자에 질서를 부여하며, 교사처럼 사람의 내면을 다지고, 연구자처럼 보이지 않는 진실을 탐색한다. 이들은 일관성과 정확성을 중시하며, 작은 실수도 반복하지 않으려는 치밀함이 있다.

　단기 성과보다는 장기적 안정을 선호하고, 빠른 변화보다는 지속 가능한 성장을 지향한다. 전략가로서는 변수보다 구조를, 감정보다 사실을 기준 삼아 판단한다. 무엇보다 책임감이 강해 맡은 일은 끝까지 완수하려는 인내와 끈기를 지닌다. 장인처럼 반복된 일을 통해 완성도를 높이고, 일 속에서 자신만의 철학을 형성한다.

　말보다 결과로 신뢰를 얻으며, 조직 안에서는 중재자 역할도 능숙하게 수행한다. 크게 드러나지는 않지만, 언제나 중심을 지키는 '조용한 리더'의 기질이 있다. 이들은 감정적 동요 없이 팀을 안정시키며, 위기 상황에서도 흔들림 없이 버티는 축이 된다. 불확실한 상황에서는 조심스럽게 전진하고, 확신이 생기면 단호하게 실행한다. 눈에 띄는 카리스마보다, 신뢰와 실력으로 사람을 이끄는 스타일이다. 그래서 신축일주는 어디에 있어도 무게중심을 잡는 존재로 존중받는다.

　그들의 직업 세계는 단순한 '직업'이 아니라, 자신을 닮은 구조의 예술이다. 바로 그 점이 신축일주가 장인형 직업에 가장 잘 어울리는 이유다.

신해일주:
별빛 아래 흐르는 고요한 감정의 강

빈센트 반 고흐, 《별이 빛나는 밤에》

• 신해일주의 상 •
밤하늘의 별, 그 너머의 의식

　신해일주는 마치 빈센트 반 고흐의 《별이 빛나는 밤에》처럼, 겉으로는 고요하고 정적이지만, 그 내면에는 감정과 상상, 사유와 기억의 나선이 끊임없이 회전하는 깊은 은하가 흐른다.

　신해일주는 차분한 외적 모습 속에 끊임없이 격렬한 감정과 통찰을 품고 있으면서도 그 감정을 외부로 쉽게 드러내지 않는다. 대신 신해일주는 내면의 흐름을 조용히 감지하며, 그 감정을 정제하고 숙성시킨다. 그들의 삶은 감정을 드러내는 것보다는 그 감정을 다듬고 고요한 언어로 바꾸는 과정에 가깝다. 그래서 신해일주는 감정적 격정을 격리시키고, 그 안에서 조용한 명료함을 찾으며, 세상과의 관계에서도 묵묵히 깊은 통찰을 유지한다.

　그들은 항상 자신만의 내면세계를 정리하며, 그 속에서 떠오르는 감정과 생각을 진지하게 탐구한다. 신해일주는 고요한 밤하늘 속에서 빛나는 별처럼, 외부의 소란과는 거리를 두고, 자기 자신만의 길을 걸어가며 빛을 발산한다.

• 신해일주의 소통 •
말은 날을 감추고, 마음은 물속을 흐른다

───◈───

신해일주의 소통은 겉으로는 조용하고 이성적이지만, 그 안에는 미세한 감정의 파장과 심리적 판단이 흐른다. 신금은 절제된 언어와 신중한 태도를, 해수는 무의식의 바다와 감정적 소통을 상징한다. 이 둘의 만남은 날카롭고 조용한 예리함을, 물처럼 은밀하고 정밀한 소통의 힘을 만들어 낸다.

신해일주는 말을 아끼고, 감정적인 언사보다는 정확한 판단과 분석으로 대화를 이끌며, 타인의 진심과 의도를 세심하게 파악한다. 그들의 소통은 느리지만 깊고 정교한 맥락 이해로 이어지며, 말보다 눈빛과 미세한 표정에서 더 많은 것을 읽어 낸다. 감정을 쉽게 드러내지 않고, 신뢰를 쌓은 사람에게만 진심을 보이려 하며, 친밀함과 거리감을 동시에 느끼는 복잡한 구조를 가진다.

신해일주는 소통에서 침묵의 힘을 잘 알고 있으며, 적절한 한마디로 상황을 변화시킨다. 그들은 진심 없는 말보다는 실질적인 도움이 되는 말을 하려 하고, 행동으로 진심을 전달한다. 그들의 소통은 감정보다 신뢰, 말보다는 행동으로 관계를 이어 가는 방식이다.

• 신해일주의 타고난 소질과 삶의 방향 •
예술가, 상담가, 연구자, 사색가

　신해일주는 표현과 통찰, 사유와 감각의 균형을 타고난 존재다. 그들의 내면에는 늘 말로 설명되지 않는 세계에 대한 관심과 이해가 자리 잡고 있다. 이들은 예술, 심리상담, 철학, 연구, 문학, 음악, 종교적 탐구 등, 보이지 않는 것을 언어화하고 형상화하는 직업군에 잘 어울린다.

　단순한 표현이 아니라, 감정과 통찰을 동시에 담아내는 능력이 뛰어나기 때문이다. 감정을 그대로 드러내기보다는 정제된 언어로 번역해 내는 능력, 그것이 신해일주의 큰 장점이다. 군중 속에서 목소리를 내기보다는, 고요한 공간에서 깊은 울림을 만들어 내는 사람이다.

　말보다 글, 행동보다 시선, 떠들썩함보다 침묵 속에서 더 많은 것을 말한다. 현실과 거리를 두고 세상을 관찰하지만, 누구보다 본질에 가까운 이야기를 꺼내 놓는다. 신해일주는 세상과 직접 부딪치기보다는, 자기만의 언어로 그것을 해석하고 재구성하는 사람이다. 그래서 감성적인 동시에 지적이며, 치유적인 동시에 분석적이다. 그들은 삶의 흐름을 고요히 따라가되, 그 안에 자기만의 철학을 새긴다.

　예술과 치유, 사유와 창조가 동시에 존재하는 공간에서 가장 빛을 발한다. 사람들 사이보다는 자기만의 리듬과 조용한 환경에서 더욱 몰입하고 성과를 낸다. 신해일주는 결국, 세상의 표면이 아닌 본질을 꿰뚫고 전달하는 통찰의 메신저다. 그들의 조용한 작업은, 삶을 해석하고 위로하는 언어로 세상에 스며든다.

신유일주:
절제된 선과 은밀한 아름다움의 기품

신윤복, 《미인도》

• 신유일주의 상 •
은은한 선의 미학, 정제된 기품

———◆◆◆———

　신유일주는 신윤복의 《미인도》 속 여인처럼 절제된 아름다움과 기품의 깊이를 지닌 존재다. 그림 속 인물은 화려하지 않지만 단정한 한복과 머리 모양에서 세련된 미를 발산한다. 신유일주의 본질도 이와 같아, 외면은 조용하고 은은하지만 내면에는 복잡한 계산과 통찰이 숨겨져 있다. 신유일주는 침묵과 절제를 통해 자신을 표현하며, 세상과 일정한 거리에서 고요히 관찰한다.

　신금은 날카롭고 정제된 기운으로, 유금은 쇠붙이처럼 실체와 형태를 나타낸다. 이 둘이 결합되어 신유일주는 신중하고 고유한 품격을 지닌 존재가 된다. 그들은 감정을 쉽게 노출하지 않으며, 드물게 나타나는 감정 표현은 더욱 강한 울림을 준다. 인간관계에서도 무리 속에 섞이기보다는 선택된 사람과 깊은 관계를 맺고 신중하게 진심을 전달한다.

　신유일주는 이성, 냉정, 침묵을 통해 더 많은 것을 전하며, 그들의 존재는 언제나 은은하지만 결코 약하지 않다. 그들의 삶은 선의 미학을 품고 있으며, 자신만의 길을 지키며 살아간다. 감정의 혼란을 정리하고 관계의 거리감을 조절하는 선으로, 세련된 통찰과 기품을 전달한다. 신유일주는 고요 속의 긴장, 절제 속의 품격을 삶으로 살아내는 존재다.

• 신유일주의 소통 •
침묵 속의 단어, 정제된 마음의 결

신유일주의 소통은 마치 날이 선 보석을 다루는 것처럼 정교하고 절제되어 있다. 그들은 불필요한 말을 하지 않으며, 정돈된 태도와 간결한 문장으로 마음을 전한다. 신금과 유금이 만난 이 일주는 겉으로 차가운 듯 보이지만, 내면에는 깊은 통찰과 정직한 마음을 품고 있다.

그들의 소통은 감정 공유보다 정보 정리에 가까우며, 이성적이고 정제된 방식으로 전하려 한다. 감정적 표현보다는 사려 깊고 명료한 말을 선택하며, 그들의 말은 차분하고 조용하다. 신유일주는 행동으로 더 많은 것을 말하며, 자신이 한 말에 책임을 지려 한다. 침묵은 할 말이 없어서가 아니라 상대방을 배려하려는 신중함이다.

이러한 절제된 소통 방식은 때때로 냉정하거나 감정이 부족한 사람처럼 보일 수 있다. 그러나 신유일주는 말보다는 태도와 분위기로 마음을 전하며, 진심은 서서히 확실히 전달된다. 신뢰가 형성된 이후에 깊은 대화가 가능해지며, 그들의 소통은 말보다는 행동과 태도에 집중한다. 결국 신유일주의 소통은 침묵과 말 사이의 간극에서 피어나는 정제된 교감이다.

• 신유일주의 타고난 소질과 삶의 방향성 •
디자인, 미학, 전략, 규범의 사람

　신유일주는 정확성과 미적 감각이 동시에 요구되는 분야에서 탁월한 역량을 발휘하는 일주다. 디자인, 전략기획, 패션, 컨설팅, 교육, 법률, 의학처럼 세밀함과 품격, 판단력이 동시에 필요한 영역에서 자연스럽게 중심을 잡는다.

　이들은 작업을 할 때 언제나 완성도의 균형과 절제된 표현을 중시한다. 감정적 충동보다는 객관적 기준과 논리를 따르고, 감성보다는 격조와 구조로 세상을 바라본다. 예술을 한다 해도 화려하고 격정적인 표현보다는, 선의 구조와 여백의 미학, 정제된 색감과 균형에 더 큰 가치를 둔다.

　신유일주는 표현보다 구조, 감정보다 완성, 소리보다 형태와 분위기로 말하는 사람이다. 그래서 그들의 작업은 겉보기엔 조용하지만, 보는 이로 하여금 긴 사유를 불러일으킨다. 컨설팅이나 교육 분야에서도 논리와 품격을 동시에 갖추고 있어, 전문성과 신뢰를 모두 얻는다. 법률, 의학처럼 오류가 용납되지 않는 세계에서도 이들은 냉정한 판단과 세밀한 기준으로 능력을 인정받는다.

　항상 스스로를 다듬고 정제하며, 격을 잃지 않는 태도가 그들의 기본기다. 신유일주는 결국, 보이지 않는 미학으로 말하는 사람, 침묵 속에서 질서를 만들어 내는 존재다. 그들의 인생 자체가 하나의 설계도이자, 조용한 명작이라 할 수 있다.

PART 9

큰 물, 고요하게 흐르는 정신

임
(壬)

흐름은 살아 있는 것의 증거다.

움직이지 않는 물은 썩지만, 흐르는 물은 생명을 품는다. 임수(壬水)는 그런 흐름의 원형이다. 좁은 개울이 아니라, 넓고 깊은 바다, 강처럼 유장하고, 바다처럼 깊은 물. 겉은 조용해도 속에는 거대한 에너지가 숨 쉬고 있고, 때로는 고요하지만, 결코 멈추지 않는 흐름.

임수의 기운은 정신의 흐름이다.

이성보다는 지성, 말보다는 이해, 표면보다는 내면을 본다. 임수는 사람의 바깥을 보기보다, 그 사람의 안에서 흘러가는 것을 느끼는 존재다. 그래서 임수는 조용하지만 둔하지 않고, 말이 적지만 생각이 깊다. 임수는 감정을 삼키는 대신, 감정을 해석한다. 자신을 드러내는 것보다, 자신을 파악하려는 쪽에 더 가까운 존재다.

임수의 사람들은 쉽게 휘둘리지 않는다.

그들은 이미 마음속에 바다를 가지고 있기 때문에, 어떤 감정이 밀려와도 그 안에 담아낼 수 있는 그릇이 있다. 그래서 사람들은 임수의 사람 곁에서 자연스레 진정되고, 그의 말 한마디에 방향을 얻는다. 그 말은 늘 조심스럽고, 어쩌면 느리게 도착하지만, 그 말에는 무게와 시간, 그리고 진심이 담겨 있다.

임수는 자유를 사랑한다.

흐름을 막는 것을 본능적으로 거부한다. 틀에 갇히는 것을 싫어하고, 지시받기보다는 스스로를 움직인다. 그러나 그 자유는 방종이 아니다. 그것은 내면의 윤리와 흐름을 존중하는 고요한 자율성이다. 임수는 정해진 길보다, 흘러가며 스스로 길을 만드는 사람이다.

이러한 임수의 기질은 때때로 고독을 동반한다.
너무 넓게 흐르기에, 때로는 어느 하나에 머무르지 못하고 사람들로부터 '어디에 있는지 모를 사람'처럼 여겨지기도 한다. 그러나 그것이 임수의 약점은 아니다. 그 고독은 선택이자 깊이이며, 그 깊이 속에서 임수는 세상을 통째로 품는 시선을 만들어 낸다. 임수는 땅을 적시고, 생명을 운반하고, 때로는 세상을 삼키기도 하지만, 무엇보다 중요한 것은, 그 흐름 속에 멈추지 않는 사유와 존재의 진동이 있다는 점이다. 그 진동은 사람을 흔드는 것이 아니라, 사람을 깨우고, 그 사람의 본질을 바라보게 만든다.

바다처럼 깊고, 강물처럼 흘렀던 여섯 사람의 초상을, 명화라는 거울에 비추어 따라가 보자.
그들은 뚜렷한 형태로 존재하지 않았지만, 그들의 말과 태도, 침묵과 여운은 누군가의 인생을 흐르게 했다. 그 흐름의 흔적 속에서 우리는 정신의 깊이를, 사유의 자유를, 그리고 멈추지 않는 생명력을 발견하게 될 것이다.

임신일주:
깊은 물줄기를 따라 흐르는 지혜와 속도

강세황, 《박연도》

• 임신일주의 상 •
폭포 아래 고요히 퍼지는 물안개처럼

───◆───

 임신일주는 강세황의 《박연도》 속 박연 폭포처럼, 거세게 쏟아지는 물과 고요한 물안개의 균형을 지닌 존재다. 임수와 신금의 조합은 단호한 추진력과 절제된 사고를 동시에 지니며, 겉으로는 진취적이고 빠르게 움직이지만, 내면은 깊은 사유와 감정의 연못을 품고 있다.
 그들은 목표를 향해 나아가지만, 왜 가야 하는지를 끊임없이 되짚으며, 물처럼 유연하고 금처럼 날카로운 사고를 지닌다. 임신일주는 세상의 흐름을 정확하게 읽고, 직관적으로 가장 빠르고 효율적인 길을 찾아낸다. 그들은 계산적이면서도 예술적인 삶을 살아가며, 감정을 조용히 눌러 두지만 결코 무감각하지 않다. 그들의 말과 행동은 신중하며, 관계에서 한 발 물러서서 전체 구조를 읽는 능력을 지닌다.
 임신일주는 폭포처럼 강력한 힘을 지니면서도, 물안개처럼 따뜻하고 유연한 존재이다. 그들은 직선적인 힘과 곡선적인 감성을 동시에 갖추고 있다. 강세황의 《박연도》처럼, 거칠고 수직적인 힘과 그 안에 녹아 있는 여백의 미학을 간직한 사람이다. 임신일주의 삶은 격정과 고요, 실행과 명상이 공존하는 드라마다.

• 임신일주의 소통 •
유연한 물결 속, 날 선 직감으로 전하는 말

―――◈―――

　임신일주의 소통은 깊은 강물처럼 조용히 흐르지만, 그 안에는 긴장과 방향성이 있다. 그들은 말을 많이 하지 않지만, 핵심을 정확히 찌르는 능력이 있다. 기본적으로 '먼저 듣고 말하는' 사람으로, 비언어적 신호를 민감하게 읽으며 상대의 감정과 속내를 빠르게 파악한다.

　침묵 속에서 치열하게 판단하며, 말할 때는 전략적으로 정보를 드러내고 감추는 능력이 뛰어나다. 이들은 사적인 이야기와 공적인 말을 철저히 구분하며, 말 속에 진심을 숨기고, 상황에 따라 입장을 달리 표현한다. 그들의 소통은 겉말과 속마음 사이에 여백이 있을 만큼 복합적이다. 설득할 때는 부드럽고, 경계가 필요할 때는 단호하게 반응한다. 경청하는 능력이 뛰어나, 상대의 의도와 감정의 방향을 분석한 후 말을 꺼낸다.

　임신일주의 소통은 '은근하지만 분명하고', '부드럽지만 단단하며', '조용하지만 날카로운' 방식으로, 강물처럼 흐르지만 어느 순간 급류처럼 흐름을 장악한다. 그들의 말에는 자기 통제력과 판단력이 자리하고 있다.

임신일주의 타고난 소질과 삶의 방향성
수(水)의 지혜와 금(金)의 통찰

임신일주는 감성과 이성이 절묘하게 교차하는 구조 속에서, 복잡한 문제를 꿰뚫고 해석하는 능력을 지녔다. 이러한 기질은 교육, 전략기획, 커뮤니케이션, 예술, 심리, 문학, 상담, 해외 무역, 법률 등 지식과 정보, 판단력, 관계 감각이 동시에 요구되는 분야에서 특히 빛을 발한다.

겉으로는 조용하고 부드러워 보여도, 내면에는 날카로운 분석력과 명확한 사고의 틀이 있다. 감정의 결을 읽는 능력과 상황 판단력이 함께 작동해, 사람과 문제를 동시에 이해하는 데 강하다. 그래서 감성가보다는 통찰자, 리더보다는 전략을 제시하는 참모형의 위치에서 탁월함을 발휘한다.

겉으로 드러나지 않는 힘, 말보다 사유가 많은 유형으로, 조용히 중심을 잡는 역할을 잘 해낸다. 문제 해결보다 문제의 구조를 분석하고, 사람을 설득하기보다 이해시키는 데 능하다. 복잡한 감정을 명확한 언어로 정리하고, 흐릿한 상황 속에서도 방향을 제시하는 능력이 있다. 자신의 감각을 신뢰하면서도 언제나 배움과 탐색에 열려 있는 자세가 돋보인다.

임신일주는 결국, 감성과 이성의 가교 위에서 조용히 큰 그림을 그리는 사람이다. 그들의 강점은 드러남이 아니라, 흐름 속에 감춰진 진실을 집어내는 통찰력에 있다.

임오일주:
바다와 태양 사이, 자유와 열정의 바람

클로드 모네, 《푸르빌의 절벽 위의 산책》

• 임오일주의 상 •

태양 아래 바다와 바람, 절벽 위 걷는 자유의 존재

임오일주는 클로드 모네의 《푸르빌의 절벽 위의 산책》처럼, 강한 바람과 빛 속에서 자유롭게 균형을 이루는 존재다. 임수와 오후의 만남은 감정과 직관, 이성과 자유의 에너지를 동시에 품고 있다. 그들은 감정을 깊이 간직하면서도, 그것을 극복하고 태양처럼 자신을 밝히는 방식으로 살아간다.

내면의 깊은 물이 흐르되, 자신의 윤리에 따라 살며, 자유를 위한 결단이 중심에 있다. 이들은 위험하지만 자유롭고, 불안하지만 생동감 있는 경계를 걷는다. 임오일주는 내면에 풍랑을 품은 사람으로, 겉으로는 온화하지만, 결코 가벼운 태도는 아니다. 예술, 문학, 철학, 여행 등에서 두각을 나타낼 수 있으며, 끊임없는 반성과 성찰로 내면을 다져 간다.

그들의 매력은 복합적 존재감과 자기 길을 지키는 태도에서 나온다. 《푸르빌의 절벽 위의 산책》은 자유에 대한 시각적 선언처럼, 임오일주는 그 자유를 몸으로 살아 내는 사람이다. 그들은 편안함보다 생동감을 택하며, 타협하지 않고 자신의 길을 지켜 낸다.

• 임오일주의 소통 •
뜨거운 눈빛과 차가운 물결 사이, 자유로이 흐르는 말

―――◈―――

　임오일주의 소통은 해안선을 따라 출렁이는 파도처럼, 밝고 시원하지만 그 안에 깊은 감정과 침묵을 품고 있다. 그들은 외향적이고 쾌활해 보이지만, 내면은 신중하고 내보이지 않는다. 소통을 통해 자유를 느끼며, 자신만의 세계를 지키려는 이들은 감정 표현에 솔직한 듯 보이지만, 말로 모든 것을 풀지 않는다. 대신 말 사이의 여백과 눈빛, 표정으로 감정을 전달한다.

　임오일주의 소통은 즉흥적이고 직관적이며, 감정의 진폭을 중시한다. 그들은 상대의 감정을 잘 읽지만, 이를 완곡하게 전달하여 상처를 주지 않는다. 대화는 유쾌하지만, 어느 순간 깊이와 침묵을 건드린다. 그들은 뜨거운 햇살처럼 다가와 마음을 열게 하지만, 차가운 바다처럼 감정을 정리하며 빠져나간다. 임오일주의 소통은 '뜨거운 자유'와 '차가운 고독'이 교차하는 지점에서 이루어진다.

• 임오일주의 타고난 소질과 삶의 방향성 •
예술적 직관과 전략적 감각

임오일주는 감각과 직관, 사고와 전략이 절묘하게 결합된 사람이다. 자연스러운 미적 감각을 타고나 회화, 음악, 디자인 등 예술 분야에서 두각을 나타낸다. 하지만 단순히 감성만 앞세우는 것이 아니라, 그 안에 의미와 방향성을 함께 담으려 한다. 그래서 이들은 교육, 문화기획, 퍼포먼스, 콘텐츠 마케팅, 브랜드 전략 등 복합적 역량이 요구되는 분야에서도 강점을 보인다.

언론, 정치, 상담, 스포츠처럼 인간을 이해하고 동기를 부여하는 영역에서도 영향력을 발휘할 수 있다. 즉흥적인 듯 보이지만, 실제론 성취를 위한 구조와 흐름을 빠르게 설계한다. 이들은 순간의 감각에 반응하면서도, 늘 전체 그림을 그리는 사람이다. 직관에만 의존하지 않고, 그것을 논리와 시스템으로 연결하는 능력이 탁월하다.

팀 안에서는 아이디어 뱅크 역할을 하며, 단지 제안에서 끝나지 않고 실제 추진력까지 함께 지닌다. 자기 일에 대한 애정이 크고, 몰입도가 높아 스스로 일을 만들어 가기도 한다. 주변 사람들은 그를 감각적인 동시에 유능한 실무자로 인식한다.

감성과 실용, 예술성과 전략이 균형을 이루는 드문 조합이다. 이들은 늘 새로움을 추구하지만, 그것이 현실에서 작동할 수 있도록 구조화하는 능력도 겸비하고 있다. 창조적이되 안정적이며, 예민하되 단단한 이중적 강점을 지닌다. 임오일주는 그 자체로 하나의 브랜드이며, 변화 속에서도 중심을 잡는 창조적 실천가다.

임진일주:
압도적 생명력의 흐름, 나이아가라처럼

●●●●●

프레드릭 에드윈 처치, 《나이아가라 폭포》

• 임진일주의 상 •

거대한 흐름, 포효하는 물의 힘

임진일주는 프레드릭 에드윈 처치의 《나이아가라 폭포》처럼, 압도적인 에너지와 움직임을 가진 존재다. 폭포의 물기둥은 격정과 정화를 상징하며, 임진일주는 그와 같이 흐름과 변화를 일으키는 힘을 지닌다.

임수와 진토의 만남은 새로운 질서를 만드는 '창조적 충돌'을 일으킨다. 외형은 조용하고 점잖아 보이지만, 내면에는 끓어오르는 에너지가 있다. 임진일주는 고여 있는 것을 견디지 못하고, 변화가 필요할 때 가장 빛난다. 세상이 길을 주지 않으면 스스로 길을 만들어 가며, 새로운 강줄기를 창조한다.

그들은 단호하고 고요하며, 유연하면서 결단력이 있다. 예술, 정책, 혁신 등에서 뛰어난 통찰력을 발휘하며, 변화의 흐름을 감지하고 방향을 제시한다. 그들의 삶은 예측 불가능하지만, 항상 한 방향으로 나아가는 강물의 힘을 지닌다. 임진일주는 세상을 움직이게 하는 깊고 강한 흐름이다.

임진일주의 소통
말보다 흐름, 논리보다 깊이, 침묵 속에서 방향을 제시하는 자

임진일주의 소통은 언어의 양이 아니라 밀도에 있다. 그들은 말이 적지만, 각 말에는 깊은 생각과 사유가 담겨 있다. 임수와 진토의 만남은 감정과 이성을 균형 잡힌 방식으로 소통하며, 상대를 설득하려기보다는 질문을 던져 스스로 깨닫게 만든다.

대화는 느리고 조용한 물결처럼 이어지며, 감정을 감싸고 흐름을 바꾼다. 그들은 말의 속도가 느리지만, 방향은 결코 흔들리지 않는다. 임진일주는 '지켜보는 대화자'로, 말보다는 말 뒤에 숨은 의도와 감정을 읽고 반응한다. 소통은 단기적인 유쾌함보다는 장기적인 신뢰를 낳으며, 신뢰가 형성되면 관계는 오래 지속된다.

그들의 언어는 감정에 기초하되, 감정에 휩쓸리지 않고, 모든 말에는 무게와 방향이 있다. 침묵마저 소통의 일부로 여기는 그들의 소통은 진심과 깊이를 담고 있다. 임진일주는 말의 여운으로 사람을 돌아보게 만들며, 삶의 사유를 담은 언어로 소통한다.

• 임진일주의 타고난 소질과 삶의 방향성 •
시각과 전략을 아우르는 기획자

　임진일주는 감성과 구조, 상상력과 실천력을 모두 품은 드문 조합의 일주다. 감각은 예민하지만 감정에 휘둘리지 않으며, 이성은 날카롭지만 창의력을 억누르지 않는다. 이들은 머릿속의 상상을 구체적인 형태로 구현할 수 있는 탁월한 기획자이자 실행가다.

　예술가, 디자이너, 건축가, 작곡가처럼 감성과 형태가 만나는 분야에 강하며, 동시에 고전학자, 연구자, 기술 창업가처럼 깊은 사유와 구조적 분석이 필요한 영역에서도 두각을 나타낸다. 공간 기획, 도시 재생, 문화 콘텐츠 등 변화와 흐름을 설계하는 직업군에 어울리는 유형이다.

　특히 시대의 전환점에서 흐름을 예측하고 새로운 질서를 제시하는 능력이 탁월하다. 그들은 전통과 혁신, 직관과 이성을 잇는 다리 같은 존재다. 주류의 관성에 안주하기보다, 늘 새로운 가능성을 탐색하며 비주류에서 주류로 옮겨 오는 창조적 전략가다. 무엇보다 중요한 것은 이들의 상상력이 단순한 공상이 아니라, 현실을 바꾸기 위한 구체적 설계로 이어진다는 점이다.

　임진일주는 말보다는 구조, 감정보다는 실현을 통해 자신의 가치를 증명한다. 그들은 단순히 꿈꾸는 사람이 아니라, 시대를 준비하고 설계하는 조용한 리더다. 신념을 말하기보다 증명하는 방식으로, 세상에 단단한 흔적을 남긴다.

임인일주:
거센 자연과 마주한 생존의 맹수

앙리 루소, 《열대 폭풍우 속의 호랑이》

• 임인일주의 상 •
밀림을 가르는 호랑이, 폭풍 속의 본능

―――◆◆◆―――

임인일주는 앙리 루소의 《열대 폭풍우 속의 호랑이》처럼, 폭풍 속에서 중심을 잃지 않고 생명력을 발산하는 존재다. 그림 속 호랑이는 거센 폭풍을 뚫고 사냥감을 향해 돌진하며, 그 집중된 시선과 긴장된 근육에서 강력한 본능을 드러낸다.

임인일주는 내면에 폭풍 같은 감정과 직관이 흐르며, 상황을 정확하게 읽고 결단하는 능력을 지닌다. 그들은 감정과 이성, 본능과 전략이 충돌하는 복합적인 내면을 가지고 있다. 폭풍은 그들을 집어삼키지 않으며, 오히려 그들은 폭풍 속에서 자신을 드러내고 운명을 주도한다.

루소의 호랑이는 폭풍 속에서 자연과 일치하며 자신의 길을 만든다. 임인일주도 외부의 도전 속에서 스스로의 길을 뚜렷하게 나아간다. 그들은 빠르고 정확하게, 강하게 자신의 목표를 향해 나아간다. 임인일주는 비단 생존을 넘어서, 강렬한 존재감을 드러내며 변화를 이끌어 간다.

루소의 호랑이가 폭풍 속에서 주도권을 쥐듯, 임인일주는 인생의 흐름을 자신만의 방식으로 이끈다. 그들은 언제나 강한 결단력으로 자기 길을 찾아 나아간다. 폭풍 속에서 중심을 잃지 않고 자기 존재를 확립하는 모습은 임인일주의 특성이다. 그들의 삶은 언제나 강렬하고, 결단적인 순간으로 채워진다. 임인일주는 세상을 흔들고, 그 속에서 주도적인 존재로 살아간다.

임인일주의 소통
고요한 수면 아래 흐르는 본능의 대화

임인일주의 소통은 조용하고 이성적이지만, 그 이면에는 본능과 직관이 이끄는 강한 흐름이 있다. 임수의 깊고 조용한 성향과 인목의 생명력과 추진력이 결합하여, 침묵 속에서 결단력과 신중함을 동시에 발산한다. 이들은 말을 적게 하며, 말할 때는 상대를 움찔하게 할 정도로 날카로운 통찰을 던진다.

소통은 '먼저 듣고, 나중에 말한다'는 원칙으로 이루어지며, 상대의 말보다 표정과 기류, 어투에 주의를 기울인다. 임인일주의 대화는 때때로 무심하게 흘러가다가도, 어느 순간 핵심을 찌르는 말 한마디로 분위기를 바꾼다. 이들은 감정을 표현하기보다는 조절하는 데 익숙하며, 신뢰가 쌓여야 진짜 깊이에 닿는 관계를 맺는다. 소통에서 그들은 상대를 설득하기보다는, 흐름을 읽고 미세하게 상황을 조정하는 능력을 발휘한다.

임인일주의 소통은 소리를 줄이고 감각을 확장하며, 말보다는 분위기와 직관으로 사람의 마음을 붙잡는다. 그들의 말은 적지만 진중하고, 표정은 담백하지만 내면은 깊다.

• 임인일주의 타고난 소질과 삶의 방향성 •
야생의 감각을 지닌 창조자

―――◈―――

임인일주는 깊은 사고력과 날카로운 직관, 그리고 섬세한 표현력을 두루 갖춘 복합적 기질의 소유자다. 단순히 분석하거나 느끼는 데 그치지 않고, 그것을 언어화하거나 형상화하는 능력까지 지녔다. 시인, 소설가, 화가, 기획자처럼 예술적 감성과 창조성이 필요한 영역에서 두각을 나타낼 수 있으며, 상담사, 교육자, 심리 전문가처럼 사람의 내면을 다루는 직업에도 잘 어울린다.

동시에 과학적 사고와 체계적 분석이 필요한 의학, 전략, 기획, 연구 분야에서도 성취할 수 있는 융합형 역량이 강하다. 임인일주는 감성과 이성, 창조와 구조를 동시에 이해하고 운용할 수 있는 드문 능력을 가졌기 때문이다. 비정형적이고 창의적인 환경에서 더욱 에너지를 발휘하며, 반복적인 일보다는 새로움이 있는 곳에서 빛난다. 독립성과 자율성이 중요한 프리랜서형 직업, 창업, 콘텐츠 제작 분야에서도 유리하다.

이들은 고요한 감성 안에 날카로운 전략을 품고 있고, 외유내강의 태도로 자신만의 길을 묵묵히 걸어간다. 인문학과 과학, 감성과 기술이 만나는 교차점에서 새로운 패러다임을 만들어 낼 수 있는 융합형 전문가로 성장할 가능성이 매우 높다. 임인일주는 시대가 요구하는 복합형 인재의 전형이라 할 수 있다.

임자일주:
혼돈 속에서도 중심을 지키는 자

가쓰시카 호쿠사이, 《가나가와의 거대한 파도》

• 임자일주의 상 •
거대한 물결, 숨겨진 깊이의 진실

―――◈―――

임자일주는 가쓰시카 호쿠사이의 《가나가와의 거대한 파도》처럼, 외적으로 강렬한 감정을 품고 있지만 그 속에는 고요한 중심성과 생존의 지혜가 숨겨져 있다. 큰 파도가 휘몰아치는 모습은 임수와 자수의 에너지가 충돌하는 모습과 닮았다.

임수는 바다처럼 깊고 넓은 흐름이며, 자수는 모든 것이 멈춘 겨울의 극점을 의미한다. 이들은 겉으로는 감정을 강하게 표현하지만, 내면은 철저히 개인적인 공간을 보호한다. 사람들 사이에서 중심을 잡지만, 실제로 혼자일 때 자신을 회복하는 이중성을 지닌다. 임자일주는 다정하고 유쾌하지만, 신뢰를 쉽게 주지 않으며, 말보다는 행동으로 자신의 진심을 전한다.

자수는 자존심이 강하고 독립적이며, 끊임없이 새로운 생명력을 끌어올리는 회복력을 가지고 있다. 남성은 감정에 따라 결정을 내리기도 하고, 여성은 자기만의 기준을 고수하며 상황을 이끌어 간다. 이들은 바깥의 혼돈 속에서도 중심을 지키며, 파도처럼 출렁이되 결코 무너지지 않는다. 임자일주는 세상의 파도를 읽고, 때로는 그 파도가 되어 사람들의 삶에 깊은 영향을 미친다.

• 임자일주의 소통 •
말의 파도를 넘어, 침묵으로 전하는 감정의 심연

임자일주의 소통은 마치 새벽 바다처럼 조용하고 신중하다. 그들은 말을 아끼며, 말보다 '느낌'을 먼저 전달한다. 임수와 자수의 결합으로, 겉으로는 감정을 드러내지 않지만 상대의 내면을 세심하게 읽고 반응하는 사람이다.

분위기 읽기로 소통을 시작하며, 감정과 의미를 중요하게 여긴다. 이들은 상대의 마음을 먼저 생각하며, 조심스럽게 소통한다. 직설보다는 여백을 두고, 침묵을 선택할 때도 있다. 이러한 소통은 때때로 오해를 불러일으키지만, 시간이 지나 신뢰가 쌓이면 깊은 정서적 유대가 생긴다.

임자일주는 말보다 관계의 결을 중시하며, 서면이나 글로 소통하는 데 강점이 있다. 이들은 시적이고 섬세한 언어로 감정을 전한다. 결국, 임자일주의 소통은 말보다는 마음을 읽고, 그 감각으로 관계를 쌓아 가는 방식이다.

• 임자일주의 타고난 소질과 삶의 방향성 •
감정의 통역자, 혼돈 속 창조자

　임자일주는 깊은 감정의 파동과 무의식의 결을 읽어 내는 섬세한 감각을 지녔다. 말로 다하지 못한 정서, 언어 이전의 느낌을 포착하고 해석하는 데 능하다. 이러한 재능은 상담가, 예술가, 작가, 시인, 명상가 등 감정과 언어의 경계에서 빛을 발한다. 그들의 말은 단순한 정보가 아니라, 정서의 파장을 담은 메아리와 같다.

　임자의 기운은 수많은 감정의 층위와 마음의 흐름을 품고 있으며, 이를 표현으로 승화시킨다. 이들은 사람의 속마음을 읽고, 그 감정을 안전하게 건네주는 다리 역할을 한다. 그러면서도 분석적이며 냉철한 면모를 갖고 있어, 기술, 데이터, 시스템에도 감각이 뛰어나다.

　임자일주는 바다의 흐름을 읽는 해양학자, 별빛 너머의 움직임을 추적하는 천문학자처럼, 보이지 않는 것을 그려 낼 수 있다. 즉흥성과 직관, 관찰과 분석 사이를 넘나들며, 무형의 것을 유형화하는 데 강하다. 복잡한 감정을 구조화하거나, 방대한 정보를 이야기로 엮어 내는 데 탁월한 능력을 지녔다.

　동시에 내면을 정리하고 타인의 마음을 정돈하는 데도 자연스러운 재능이 있다. 혼자 있는 시간에서 창조의 씨앗을 찾으며, 외로움을 성찰로 전환할 줄 안다. 타인의 세계에 민감하지만, 자신의 경계를 지킬 줄 아는 절제가 있다. 세상의 겉모습에 머무르지 않고, 언제나 이면을 탐색하려는 본능적 호기심이 강하다. 임자일주는 그렇게, 감정과 이성, 현실과 무의식의 경계에서 길을 찾는 탁월한 삶의 통역자다.

임술일주:
물과 대지의 만남, 낙조 아래 사색하는 삶

클로드 모네, 《에트르타 절벽의 일몰》

• 임술일주의 상 •
해가 지는 절벽, 고요한 파도와 붉은빛의 어울림

———◆◆◆———

　임술일주의 물상은 마치 클로드 모네의 《에트르타 절벽의 일몰》처럼, 깊은 고요와 격동이 동시에 존재하는 풍경이다. 붉은빛으로 물든 하늘 아래, 침묵 속에서 밀려오는 파도처럼, 임술일주의 내면은 고요한 격동으로 이루어져 있다.

　임수는 부드럽고 유동적인 물의 성질을 지니며, 술토는 단단하고 거친 바위처럼 고요한 힘을 발산한다. 이 두 기운이 만나는 곳에서, 임술일주는 감정과 이성, 고요함과 격정 사이에서 균형을 이루며 살아간다.

　모네의 일몰은 하루의 끝에서 어둠으로 가는 빛의 흐름을 포착한다. 임술일주의 기운도 마찬가지로, 겉은 차분하고 정리된 듯 보이지만 그 속에는 쌓인 감정과 사유의 흔적이 있다. 그들은 지나간 시간을 몸에 새기며, 일상의 흐름을 놓치지 않고 반영한다. 내면에서 격동하는 파도처럼, 그들은 세상과의 격차 속에서도 묵묵히 그들의 길을 지킨다.

　임술일주는 감정을 드러내기보다는 그 너머의 본질을 바라보며, 그들의 침묵 속에는 따뜻하고 쓸쓸한 감정이 담겨 있다. 그들은 과거를 잊지 않으면서도, 그에 머무르지 않고, 삶의 매 순간을 받아들이는 자세를 지닌다. 그들의 소통은 고요하고 깊은 의미를 담고 있으며, 외부의 변화에 따라 자연스럽게 자신을 조정하는 방식으로 살아간다.

• 임술일주의 소통 •
말보다 마음의 무게로 전하는 언어

임술일주의 소통은 고요하면서도 깊은 감정과 책임이 담겨 있다. 임수와 술토의 결합으로 쉽게 말을 하지 않으며, 순간적인 감정에 휘둘리지 않고 깊이 숙성된 말만을 꺼낸다. 이들의 대화는 말보다는 태도, 분위기, 그리고 관계의 두께가 중심이 된다.

임술일주는 먼저 말을 걸기보다는 상대가 다가오기를 기다리며, 감정의 흐름과 정서적 신뢰를 바탕으로 대화한다. 그들의 소통은 깊은 공감을 기반으로 한 정서적 경청이며, 말보다 관계의 기류를 중요시한다. 빠른 피드백보다는 오랜 울림을 원하는 방식이다. 이들의 신중함과 절제는 때로 오해를 부를 수 있지만, 그들은 상처를 주지 않기 위한 조심스러움으로 소통한다. 임술일주는 글로 표현하는 능력도 뛰어나며, 문장은 짧지만 여운이 길고, 섬세한 말의 결을 중시한다.

결국 임술일주의 소통은 말보다 울림을 중시하며, 시간이 지나며 그들의 진심을 깊이 전한다. 침묵은 공허하지 않고 많은 의미를 품고 있으며, 진정한 마음을 이해하려는 여정을 함께하는 사람에게 그들은 천천히 마음을 건넨다.

• 임술일주의 타고난 소질과 삶의 방향성 •
사유적 예술가, 감정의 색채를 다루는 사람

───◈───

임술일주는 조용하지만 깊이 있는 감성을 지닌 사람들이다. 말보다 시선으로, 설명보다 분위기로 진심을 전하는 능력이 있다. 그래서 시각예술, 철학, 인문학, 상담, 교육 같은 분야에서 그들의 역량이 빛난다.

클로드 모네가 《에트르타 절벽의 일몰》에서 시간의 흐름과 빛의 감정을 담아낸 것처럼, 임술일주도 보이는 것 너머를 포착해 낸다. 순간의 감정, 스쳐 가는 표정, 말하지 않은 분위기 속에서 진실을 읽는다. 이들은 단순한 지식을 전달하기보다, 삶의 통찰을 전하는 사람이다. 한 문장의 조언에도 시간이 배어 있고, 한 작품에는 내면의 풍경이 스며 있다.

임술일주는 겉보기에는 말이 적고 조용해 보이지만, 그 고요함 속에 예술과 사유의 진동이 있다. 건축처럼 구조적이고, 문장처럼 정제된 그들의 작업은 느리지만 깊다. 감정을 재료로 삼되, 감정에 휘둘리지 않는 절제력도 갖췄다. 이들은 세상을 바라보는 태도 자체가 예술이며, 삶을 대하는 자세가 이미 교육이다. 묵묵히 자신의 자리를 지키며, 결국 주변을 변화시키는 존재들이다.

PART 10

이슬과 안개, 투명한 마음으로 세상을 적시는 사람

계
(癸)

말보다 눈빛이 먼저 말을 건네고, 손보다 기척이 먼저 마음을 움직이는 순간이 있다.

계수는 그런 존재다. 소리 없이 다가와, 천천히 적시고, 깊이 스며들지만 쉽게 흔적을 남기지 않는다. 그는 안개처럼, 이슬처럼, 세상의 부드러운 경계를 따라 움직이며 존재를 감춘다. 그러나 감춘다고 해서 사라지는 것은 아니다. 오히려 계수(癸水)는 그 투명함으로 세상의 내면을 더욱 깊게 감지한다.

계수는 물의 기운 중에서도 가장 섬세하고 정적이다.
임수가 강물과 바다의 흐름이라면, 계수는 새벽 잔디 끝에 맺힌 물방울, 또는 아침 안개 속에서 잠시 떠도는 감정의 결이다. 가볍고 연약해 보일지 몰라도, 그 속엔 엄청난 감수성과 관통력, 그리고 치유의 에너지가 숨어 있다. 계수의 사람은 공감하기 전에 먼저 느낀다. 느끼기 전에 이미 알고 있다.

계수는 투명하다.
그래서 쉽게 얼룩지거나, 때로는 쉽게 다친다. 무례한 말 한마디에도 오래 마음을 품고, 사소한 변화를 예민하게 감지한다. 하지만 그 예민함은 약점이 아니라, 세상의 정서를 읽어 내는 안테나다. 계수의 감성은 보이지 않는 흐름을 따라 사람들의 마음 구석구석을 조용히 적셔 간다.

그들은 감정을 쉽게 꺼내지 않지만, 마음을 모른다고 말하기에는 너무 많은 것을 알고 있다.

계수의 사람들은 말을 아끼는 대신, 감정을 기척으로 전하며, 행동보다 태도 속에 정성을 담는다. 그래서 계수는 한번 깊이 맺은 인연을 오래 품고, 헤어져도 쉽게 잊지 않으며, 멀어져도 마음 한 자락을 붙들고 산다.

계수는 흐르는 물이 아니라, 잠시 머무는 물이다.
그러나 그 머무름이야말로, 사람을 쉬게 하고, 스스로를 돌아보게 하는 고요한 거울이다. 계수는 내면의 공간을 만드는 사람이다. 자신의 마음 안에 조용한 방 하나를 만들어 사람들을 그곳에 앉히고, 말없이 머물게 한다. 그 방은 침묵으로 가득하지만, 따뜻한 침묵이다.

계수의 부드러운 투명함과 섬세한 감성이 깃든 여섯 개의 인생 풍경을 명화와 함께 만나 보자.
그들은 강하지 않았지만 견고했고, 크게 드러나지 않았지만 오래 남았다. 그들의 존재는 구체적인 설명보다 조용한 여운으로 마음속에 맺힌다. 마치 이슬처럼, 안개처럼. 그림을 바라보는 당신도 어느새 조용해질 것이다.

계유일주:
빛의 여백에 말을 거는 침묵

● ● ● ● ● ●

요하네스 베르메르, 《진주 귀걸이를 한 소녀》

• 계유일주의 상 •
고요한 물 위에 떠오른 빛의 점, 계수와 유금의 긴장

———◈———

　계유일주는 요하네스 베르메르의 《진주 귀걸이를 한 소녀》처럼 고요하고 정제된 침묵 속에서 깊은 존재감을 발산하는 사람이다. 계수의 고요한 물과 유금의 절제된 금속이 만나, 그들은 내면의 긴장감을 유지하며 외부에는 드러내지 않는 깊은 감정을 품고 있다.

　그들의 소통은 말보다는 눈빛과 태도, 분위기로 이루어지며, 말없이도 많은 것을 전달한다. 이들은 사람들의 감정을 민감하게 읽고, 필요할 때 정확한 행동으로 신뢰를 쌓는다. 계유일주는 감정을 드러내지 않지만, 정교하게 움직이며, 세상에 미묘한 영향을 미친다. 그들은 독립된 기운을 지니고, 혼자 있을 때 더욱 에너지를 느끼며, 예술적이고 깊은 분야에서 강점을 발휘한다.

　계유일주는 과하지 않으며, 단정하고 절제된 아름다움을 지향한다. 그들의 소통은 말보다 더 많은 것을 전달하며, 눈빛 하나로 세상을 흔들 수 있다. 고요한 밤바다에 반사된 별빛처럼, 그들은 침묵 속에서 강한 내면의 힘을 발휘한다.

• 계유일주의 소통 •
조용한 시선, 섬세한 언어, 공기의 결을 읽는 내화

계유일주의 소통은 투명한 유리창 너머로 서로를 응시하는 듯, 겉으로는 조용하지만 깊은 감정이 숨어 있다. 그들은 말을 많이 하지 않으며, 말의 여백 속에서 더 많은 것을 전달하려 한다. 눈빛, 분위기, 정서적 결을 통해 소통하며, 상대의 말을 경청하고 의미를 읽어 내는 능력이 뛰어나다. 말보다는 상황을 관찰하고 문맥을 읽은 후, 신중하게 말을 꺼낸다.

그들의 소통은 빠르기보다는 깊고, 말투는 부드럽지만 단호하며, 갈등을 피하려는 경향이 있다. 그들은 글로 감정을 더 잘 표현하며, 논리와 정서가 균형 잡힌 언어를 구사한다. 상대의 감정을 민감하게 읽고 대응하는 예민한 감수성을 지닌다. 신뢰가 쌓이지 않으면 소통이 억제되며, 때로는 회피하는 태도를 보일 수 있다. 그러나 진심이 오가면, 계유일주는 깊고 정제된 방식으로 마음을 표현한다.

그들의 소통은 단순한 말의 교환이 아니라, 공기와 침묵 속에서 이루어지는 정서적 교감이다.

• 계유일주의 타고난 소질과 삶의 방향성 •
예술, 철학, 분석적 지성의 영역

계유일주는 섬세한 감성과 날카로운 이성이 절묘하게 어우러진 기질을 지녔다. 조용하고 내성적인 성향이지만, 그 속에는 깊은 통찰과 정밀한 분석 능력이 깃들어 있다. 이들은 소란한 현장보다는 정적인 공간에서 더 큰 에너지를 발휘한다. 작은 데이터를 다루면서도 거대한 서사를 만들어 낼 줄 알고, 사소한 말투나 표정 속에서도 본질을 읽어 내는 능력이 뛰어나다.

이러한 특성은 미술사학자, 큐레이터, 통번역가, 연구자, 디자이너, 상담가 같은 직업에 특히 잘 어울린다. 감각적인 미학과 구조적인 사고를 동시에 갖추고 있어, 예술과 학문, 언어와 사람 사이를 정교하게 연결한다. 말이 많지 않지만, 말없이 전해지는 눈빛과 태도, 공기의 흐름으로 소통하는 비언어적 감각은 탁월하다. 그들은 상대의 마음을 조용히 여는 사람이다.

계유일주는 늘 자신을 낮추지만, 그 안의 깊이는 결코 얕지 않다. 단정한 태도와 고요한 집중력, 그리고 세상을 읽는 정제된 감성이 그들을 특별하게 만든다.

계미일주:
햇빛 속의 그늘, 부드러움 속의 고요한 결의

호아킨 소로야, 《해변을 달리는 아이들》

• 계미일주의 상 •
햇살 아래 파도치는 백사장의 이중성

계미일주는 고요하고 섬세한 내면과 화사한 외면을 지닌 이중적인 존재다. 호아킨 소로야의 《해변을 달리는 아이들》처럼 겉으로는 여유롭고 아름다워 보이지만, 그 속에는 깊은 사유와 감정의 파동이 흐른다. 계수와 미토의 조합은 감성과 직관이 숙성되어, 언제나 현실을 살아가면서도 먼 곳을 바라보는 기질을 만든다.

그들은 예민하고 따뜻한 사람으로, 타인의 감정을 쉽게 감지하고 공감하는 능력이 있다. 그러나 그 예민함은 세계와의 충돌 속에서 길러진 방어적 감수성이다. 이들은 삶의 소란과 갈등을 지나치지 못하고, 그 속에서 자신을 돌아보며 중심을 잡는다. 계미일주는 말보다 침묵이 많고, 그 속에서 감정의 흐름을 헤아린다. 그들의 삶은 단순히 아름다움만으로 머무는 것이 아니라, 깊은 고독과 싸움이 함께 존재한다.

계미일주는 세련되게 사람들과 어울리며, 자신만의 방식으로 감정을 조율하고 삶을 예술처럼 감각적으로 살아간다. 그들의 발자국은 금세 사라지지만, 분명히 존재하는 자취를 남긴다.

• 계미일주의 소통 •
여백 속의 울림, 조용한 강물처럼 전해지는 말

계미일주의 소통은 이슬이 꽃잎 위에 내려앉듯, 부드럽고 다정하지만 쉽게 열리지 않는다. 계수와 미토의 결합은 감정의 결을 섬세하게 만들며, 말보다 느낌과 분위기, 정서의 흐름으로 소통한다. 그들은 말을 아끼고, 듣기를 잘하며, 화려한 수사보다는 정제된 표현을 선호한다. 말하지 않은 감정까지 헤아리는 깊은 공감 능력을 지니고 있어, 침묵 속에서도 많은 의미를 전달한다.

계미일주는 신중하고 책임감을 느끼며, 신뢰를 쌓기 전에는 자신의 감정을 감추고 말을 조절한다. 그들의 말은 신중하고 따뜻하며, 갈등을 피하고 공감을 우선시한다. 그들은 속도가 아닌 깊이로 소통하고, 표현이 조심스럽지만 진심이 담겨 있다. 때로 글로 감정을 전하며, 문학, 상담, 예술 등에서 소통력이 빛난다.

계미일주의 소통은 소리보다는 울림에 가깝고, 말은 적지만 마음은 깊다. 그들의 소통은 속삭임처럼 마음에 오랫동안 남는다.

• 계미일주의 타고난 소질과 삶의 방향성 •
예술, 상담, 교육, 치유의 영역

계미일주는 감성적 통찰력과 현실 감각이 균형 있게 어우러진 사람이다. 단순히 감정에 예민한 것을 넘어, 그 감정을 분석하고 이해하는 능력이 뛰어나다. 이런 기질은 예술, 교육, 심리, 상담, 사회복지, 간호 등 사람을 깊이 이해하고 보듬는 영역에서 두각을 드러내게 한다.

이들은 누군가의 감정선을 빠르게 포착하고, 거기에 맞는 섬세한 대응을 할 수 있는 감각을 지닌다. 말수는 많지 않아도, 조용한 말 한마디로 큰 울림을 주는 힘이 있다. 특히 위로와 격려가 필요한 자리에서 자연스럽게 중심이 된다. 겉으로 드러나기보다는, 묵묵히 사람 곁을 지키며 신뢰를 쌓아 가는 유형이다. 이러한 조용한 헌신과 배려는 시간이 지날수록 더 깊은 관계를 형성하게 만든다.

계미일주는 단순한 공감자가 아니라, 사람의 마음을 다루는 데에 있어 직관적이면서도 현실적인 조율자다. 그래서 어떤 조직이나 공동체에서도 정서적 안정감을 주는 존재로 자리 잡는다.

계사일주:
불 속의 물, 색채로 정제된 지혜

빈센트 반 고흐, 《탕기 영감의 초상》

• 계사일주의 상 •
수증기와 불꽃이 동시에 이는 시간

―――◈―――

　계사일주는 빈센트 반 고흐의 《탕기 영감의 초상》처럼 내면의 고요함과 외부의 격렬함 사이에서 균형을 잡으며 살아간다. 계수와 사화의 상극적인 조합은 타인의 기대와 사회적 규범 속에서도 자신만의 예술성과 자유를 지키려는 이중적 내적 구도를 형성한다. 빈센트 반 고흐의 그림처럼 현실과 상상의 충돌 속에서 조화가 이루어지며, 감성과 이성을 동시에 아우른다. 그들은 내면의 감정과 사유를 재구성하며, 예술과 창작을 통해 통찰을 향해 나아간다.

　계사일주의 삶은 '증발의 시간'처럼 순간적인 감정과 생각이 새로운 형상으로 재구성된다. 그들은 감각적이면서도 사유적인 존재로, 내면의 긴장을 동력 삼아 창조적 작업을 한다. 고요함과 불꽃, 정적과 역동이 공존하는 그들의 삶은 빈센트 반 고흐의 예술적 긴장감과 닮아 있다.

• 계사일주의 소통 •
침묵의 언어, 상징으로 말하는 사람

계사일주의 소통은 어두운 방 안에서 향이 피어오르듯 은은하고 간접적이다. 그들은 말을 많이 하지 않고, 한마디의 무게를 중요시하며, 분위기와 표정을 먼저 읽고 의도를 파악한다. 이들과의 소통은 단순한 대화가 아니라 해석의 과정이다. 말하지 않은 부분과 여운 속에서 상대가 무엇을 느꼈는지를 감지하는 능력이 있다.

즉흥적인 언어보다는 정돈된 언어를 선호하고, 때로 시적이거나 추상적인 표현을 사용한다. 그러나 말이 적고 감정을 감추기 때문에 무심하게 보일 수 있다. 계사일주는 글을 통해 감정을 더 잘 표현하며, SNS 글귀나 자필 편지가 그들의 감정을 진하게 전달한다. 갈등 상황에서는 격한 대립을 피하고, 차분한 문장으로 표현하려 한다.

그들은 피상적인 말보다는 진심을 담은 말을 원하며, 빠른 반응보다는 오랜 여운을 택한다. 결국 계사일주의 소통은 침묵 속에서 더 많은 것을 전하는 대화로, 진정성을 중요시한다.

• 계사일주의 타고난 소질과 삶의 방향성 •
철학, 예술, 심리, 창작

계사일주는 말과 이미지, 상징과 기호의 세계를 넘나드는 감각을 지닌다. 이들은 언어의 미세한 결을 짚어 내고, 이미지 속에 숨은 감정을 해석하며, 상징을 통해 복잡한 세계를 풀어내는 능력이 뛰어나다. 철학과 예술, 출판과 교육, 치유와 심리, 연구 같은 분야에서 깊은 몰입과 성취를 이룰 수 있는 기질을 지니며, 무엇보다 자신만의 사유와 감각을 기반으로 독창적인 콘텐츠를 만들어 내는 데 강점을 가진다.

계사일주는 세상을 향해 시끄럽게 말하기보다, 조용한 방식으로 자신을 표현한다. 혼자 있는 시간이 곧 영감의 샘이며, 타인의 감정과 욕망 사이에서 무언의 흐름을 읽고 그것을 언어화하는 데 능하다. 남들이 흘려보내는 사소한 장면에서도 감정의 흐름과 의미의 흔적을 포착해 낸다. 이들은 단순한 전달자가 아니라, 감정과 상징, 생각을 재구성하는 창조자이다.

혼자일 때 더 자유롭고, 조용할수록 더 많은 것을 떠올리며, 타인의 틀보다 자기만의 언어로 세상을 연결하고자 한다. 내면의 정원을 가꾸듯, 사유의 구조와 감성의 언어를 조율하는 이들은 사회적으로도 깊은 울림을 줄 수 있는 메시지를 만들어 낸다. 계사일주는 느리지만 강한 파동으로, 삶을 사유하고 구성하는 존재이다.

계묘일주:
햇살 머금은 안개, 고요한 감성의 결

칼 라르손, 《자작나무 아래의 아침 식사》

• 계묘일주의 상 •

이슬 맺힌 새벽 들판, 자작나무 그늘

　계묘일주는 칼 라르손의 《자작나무 아래의 아침 식사》처럼 조용하면서도 깊은 감성을 지닌 존재다. 그들은 겉으로는 차분하고 고요하지만 내면에는 세심한 감수성과 끊임없는 성장의 에너지가 흐른다. 그림 속 자작나무 아래의 정적과 따뜻한 감정처럼, 계묘일주는 사람들 사이에서 분위기와 감정의 미묘한 결을 조율하며 깊은 안정을 준다.

　그들은 사소한 말과 행동 속에 진심을 담고, 작은 세계를 가꾸며 살아간다. 예민하고 세심한 그들은 공감 능력이 뛰어나지만, 그만큼 감정적으로 피로를 느끼기도 한다. 계묘일주는 자신과 타인의 마음을 곱씹고 이해하려는 성찰적인 시간을 가진다. 그들은 예술, 글쓰기, 상담, 치유 등 감성과 의미가 중요한 분야에서 그들의 기질을 잘 발휘한다.

　계묘일주는 조용한 창조자이며, 말 없는 배려자로서 사람들 사이에 따뜻한 쉼표를 만든다. 그들의 존재는 조용하지만 시간이 지날수록 그들이 만들어 내는 감정의 레이어는 점점 더 의미 깊어진다. 계묘일주는 눈에 띄지 않지만, 그들의 존재감은 길게 남는다.

• 계묘일주의 소통 •
말보다 눈빛, 설명보다 감각

　계묘일주는 봄밤의 달빛처럼 조용히 스며들며 사람들과 교감하는 소통 방식을 지닌다. 그들은 말을 적게 하지만, 그 적은 몇 마디 말과 침묵 속에 깊은 의미를 담고 있다. 계수와 묘목의 결합은 감정을 섬세하게 감지하고, 말의 여백을 통해 소통하는 방식이다. 계묘일주는 돌려 말하거나 암시하며, 감정의 결을 느낌으로 전한다.

　이로 인해 상대는 그들의 마음을 오해할 수 있지만, 그 속에는 따뜻함과 배려가 숨어 있다. 그들은 신뢰가 쌓일 때까지 관찰하고 분석하며, 소리 없는 이해자로서 상대의 감정을 읽는다. 감정에 휘둘리기도 하며, 때때로 자신을 보호하기 위해 말을 끊거나 거리를 두기도 한다. 갈등 상황에서 입장을 명확히 전달하지 못할 수 있으나, 그들은 조용히 아파하며 소화 중이다.

　계묘일주의 소통은 서정적이며, 글을 통해 더 풍부한 표현을 한다. 그들의 소통은 '말의 기술'보다 '느낌의 기술'에 가깝고, 한마디의 말은 깊은 여운을 남긴다.

• 계묘일주의 타고난 소질과 삶의 방향성 •
예술, 문학, 교육, 심리, 정원처럼 가꾸는 일

계묘일주는 말보다 이미지에 민감하고, 사유보다 감성의 흐름에 깊이 반응한다. 이들은 언어로 설명하기보다 느낌으로 세상을 받아들이며, 추상적인 사고보다는 직관적인 감각을 따라 움직인다. 글쓰기, 음악, 정원 가꾸기, 시각 디자인, 인문예술 교육 같은 분야에서 감성과 창의성을 자연스럽게 발휘한다.

특히 자연주의적 미감에 탁월하여, 사물이나 공간, 감정에 섬세한 결을 입히는 능력이 뛰어나다. 일상 속에서 발견한 조용한 아름다움을 시처럼 구성해 내며, 눈에 보이지 않는 감정의 흐름을 시각적으로 구현하는 재능을 지닌다.

계묘일주는 사람들 곁에서 치유자처럼 작용한다. 그들의 말은 많지 않지만, 존재만으로도 안정과 평온을 전하며, 무심한 듯 다정한 태도로 타인의 마음을 열게 한다. 이들에게 창(窓)은 단순한 경계가 아니라, 세계와 연결되는 감각의 통로다. 자신은 고요하지만, 그 창을 통해 세상을 섬세하게 감지하고 해석한다.

이처럼 계묘일주는 사물의 본질을 느끼는 능력이 탁월하며, 삶을 하나의 정원처럼 가꾸는 태도를 지녔다. 그들의 손끝에서 일상은 예술이 되고, 관계는 풍경이 되며, 고요한 정서가 깊이 있는 공간을 만들어 낸다.

계축일주:
밤하늘 아래 고요한 응시, 침묵의 철학자

●●●●●

빈센트 반 고흐, 《밤의 테라스 카페》

• 계축일주의 상 •

밤하늘 아래의 테라스, 고요한 빛

　계축일주는 빈센트 반 고흐의 《밤의 테라스 카페》처럼 어둠 속에서 한 줄기 빛을 발하는 존재다. 그들의 내면은 깊고 정돈되어 있으며, 쉽게 드러내지 않는다. 계수와 축토의 조합은 차갑고 고요하지만, 한 번 연결된 관계에는 깊은 책임과 지속성을 지닌다.

　빈센트 반 고흐의 그림 속 노란빛 테라스처럼, 계축일주의 내면에는 조용하지만 강한 에너지가 흐른다. 이들은 감정을 쉽게 드러내지 않고, 조용히 버텨 내며 깊은 사유와 감정의 파동을 간직한다. 그들은 삶의 이면을 자주 들여다보며, 해가 뜨기 전 가장 어두운 시간을 견뎌야 빛을 알 수 있다는 사실을 잘 안다. 관계에 있어서도 깊고 오래가는 것을 중시하며, 감성보다는 자신만의 방식과 리듬을 따른다.

　그들의 침묵은 단순한 공백이 아니라 스스로를 정돈하고 회복하는 공간이다. 중요한 순간엔 현실적 감각과 단단한 중심이 빛을 발하며, 축토의 힘은 느리지만 깊다. 계축일주는 밝음과 어둠을 동시에 품고, 사람들의 감정을 깊이 공감하면서도 자신을 보호하려 한다. 그들의 인간관계는 신중하고 조심스럽다.

• 계축일주의 소통 •
말보다 무게, 표현보다 신뢰

    계축일주의 소통은 겨울 땅속의 물줄기처럼 깊고 신중하다. 그들은 말을 아끼고, 감정을 내보이지 않으며, 대신 신뢰와 경험을 통해 소통한다. 격한 언쟁을 싫어하고, 감정보다 논리적으로 정돈된 언어를 선호한다. 이들은 말 한마디의 무게를 알기 때문에, 말을 하기 전에 신중하게 생각한다.

    그들의 소통은 깊은 감정과 사유의 흐름 속에서 이루어지며, 중요한 순간에는 행동으로 신뢰를 보여 준다. 감정을 자주 표현하지 않지만, 내면은 따뜻하고 정직한 감정으로 가득하다. 계축일주는 침착하고 정중한 태도로 신뢰를 쌓으며, 감정 표현은 서툴지만 사랑과 우정은 시간이 지나며 드러난다.

    이들은 위기의 순간에도 침착하게 상황을 정리하고 질서를 만들어 낸다. 삶을 긴 여정으로 바라보며, 서두르지 않고 자신의 방식대로 살아간다. 그의 존재는 말없이 따뜻한 등불처럼 사람들을 품고, 관계에 집중한다.

• 계축일주의 타고난 소질과 삶의 방향성 •

철학, 명상, 예술, 학문, 상담

　계축일주는 타고난 내면형 지성인이다. 감성과 직관, 이성과 분석이 조화를 이루는 이들은 세상의 겉모습보다 그 이면의 의미에 더 집중한다. 천천히, 그러나 깊게 사유하며 자신만의 언어를 구축하고, 그것을 세상과 나누는 데에 서두르지 않는다.

　예술, 상담, 명리, 종교, 문학, 철학 등 사색이 요구되는 분야에서 이들은 탁월한 통찰과 집중력을 발휘할 수 있다. 타인의 감정을 섬세하게 읽고, 정제된 언어로 그것을 정리해 주는 능력 또한 뛰어나다. 겉으로는 조용하고 차분하지만, 내면은 뜨겁고 치열한 탐색으로 가득하다. 이들은 한순간에 반짝이는 존재라기보다, 시간이 흐를수록 진가가 드러나는 묵직한 존재다.

　계축일주는 인생의 격정 속에서도 중심을 잃지 않고, 고요한 깊이로 자신과 타인을 이해하려 한다. 익숙함보다 본질을, 흥분보다 통찰을 추구하는 삶의 태도는, 결국 세상에 조용한 울림을 남긴다. 이들이 걷는 길은 느리지만, 그 발자국은 누구보다 오래 남는다.

계해일주:
무한한 상상의 뿌리, 생명의 나무처럼

●●●●●

구스타프 클림트, 《생명의 나무》

• 계해일주의 상 •
나선형 가지와 황금빛, 생명을 품은 상상력

　계해일주는 구스타프 클림트의 《생명의 나무》처럼 끝없이 뻗어 나가는 생명성과 상상력의 표상이다. 계수와 해수의 결합은 '깊이'와 '끝'을 상징하며, 계해일주는 고요하지만 방향성을 지닌 존재이다. 그들의 세계는 형체보다는 기운에 가까우며, 겉으로 드러나지 않는 것을 더 중요하게 여긴다. 계해일주는 내면에 천 개의 세계를 품고 있으며, 말없이도 깊은 사유와 감정의 파동을 일으킨다. 그들은 상상력과 직관의 근원으로, 현실을 넘어서는 시선을 지니고 있다.

　구스타프 클림트의 《생명의 나무》가 황금빛으로 빛나는 이유는, 그것이 현실을 초월한 세계를 품고 있기 때문이다. 계해일주도 꿈과 현실, 과거와 미래를 동시에 품는 복합적 존재다. 이들은 눈에 보이지 않는 흐름을 읽고, 현실과 비현실을 잇는 다리 같은 존재이다. 그들의 침묵은 공허가 아니라 충만하며, 직감은 혼돈이 아니라 명료함이다. 계해일주는 세상을 눈으로 보기보다 마음으로 듣는 자이다.

• 계해일주의 소통 •
말 없는 물결, 마음의 깊이를 건너는 언어

　계해일주의 소통은 안개 낀 새벽 바다를 흐르는 조용한 물결처럼, 말은 적지만 감정은 깊고, 드러내지 않지만 분명히 느껴진다. 그들은 말보다 마음을 먼저 느끼며, 다른 사람의 진심을 빠르게 간파한다. 소통은 듣기보다는 '감지'하고, 말하기보다는 '동조'에 가깝다. 그들의 공감은 말 없는 소통의 달인으로, 마음을 열기 전까지는 오랫동안 조용히 관찰한다. 그러나 이 특성은 종종 오해를 불러일으키고, 속을 알 수 없는 사람으로 비춰지기도 한다.

　계해일주의 말은 감정을 담는 그릇으로, 진심이 담기지 않은 말은 하지 않으며, 한 마디 한 마디가 신중하다. 감성적인 시나 편지, 음악 등을 통해 감정을 전하는 데 탁월하며, 눈물 없이 눈물 나는 말을 할 줄 아는 사람이다. 그러나 내면을 너무 오랫동안 잠가 두면 소통의 기회를 놓칠 수 있다. 계해일주의 소통은 말수보다 마음의 파장으로, 깊고 따뜻한 이야기를 나누는 방식이다.

• 계해일주의 타고난 소질과 삶의 방향성 •
예술, 상담, 철학, 글쓰기

　계해일주는 타고난 내면형 창조자다. 조용한 듯 보이지만, 그 안에는 깊은 통찰과 풍부한 상상력이 자리하고 있다. 겉으로 드러나는 것보다, 보이지 않는 본질에 더 큰 가치를 두는 이들은 철학, 명리, 문학, 종교, 심리, 예술, 연구와 같은 분야에서 빛을 발한다. 특히 삶의 이면을 해석하고자 하는 욕망이 강하며, 복잡한 감정을 구조화하고 언어로 풀어내는 능력이 탁월하다.

　이들은 사람의 마음을 섬세하게 읽고, 아픈 감정을 다정하게 감싸 안는 감수성을 지녔다. 상담, 치유, 코칭 등의 직업에서 신뢰받는 전문가로 성장할 수 있으며, 한 사람의 인생을 긴 호흡으로 바라보는 태도를 갖고 있다. 또한 작가나 예술가로서 자신의 세계를 구축하고자 하는 욕망이 강해, 표현의 매체만 갖춰진다면 오랫동안 독창적인 작업을 이어 갈 수 있다.

　성과보다는 과정, 명성보다는 진정성에 가치를 두며, 진짜를 만들고자 하는 고집이 이들을 특별하게 만든다. 이들은 외로운 시간을 견딜 수 있고, 혼자만의 사유 속에서 새로운 질서를 발견하는 데 능하다. 일상의 틈에서 본질을 발견하고, 사람의 말 너머에서 진심을 듣는 이들. 계해일주는 세상을 조용히 바꾸는 창조자다.

나가는 말

이 책을 당신에게 건넵니다

누군가 내게 물었습니다.

"당신은 왜 사주명리를 공부하나요?"

나는 오래 망설이다가 이렇게 대답했습니다.

"나를, 사람을 이해하고 싶어서요."

이해한다는 것은 결코 쉬운 일이 아닙니다. 우리는 자주 사랑하지만, 온전히 이해하지 못하고, 스스로를 위한다고 말하면서도 나를 잘 모를 때가 많습니다. 그럴 때, 사주는 마치 오래된 친구처럼 조용히 내게 말을 걸어왔습니다.

"당신은 이런 기운을 타고났고, 이런 방식으로 살아가고, 이런 것 때문에 상처를 받고, 이런 타이밍에 꽃을 피우는 사람입니다."

그 순간, 살아오면서 힘든 고비를 마주 했을 때마다 생긴 '왜'라는 의문과 궁금증들이 하나 둘씩 이해되기 시작했습니다. 조급함도, 불안함도, 때로는 뜨거운 욕망마저도, 하나의 기질이며 흐름일 뿐이라는 사실을 알게 되었을 때, 삶은 훨씬 더 부드럽고 따뜻해졌습니다.

이 책은 그러한 경험에서 시작되었습니다.

명리학은 어떤 신비의 도구가 아닙니다. 그것은 인간을 자연의 일부로 이해하려는 고대의 언어이자, 우리 안에 있는 계절과 날씨를 읽어 내는 삶의 독해력입니다.

그리고 명화는 그런 기질과 운명의 감정을 시각적으로 감각하게 해 주는, 말 없는 동반자입니다.

당신이 이 책을 펼쳐, 자신의 일주를 찾아보고, 그 옆에 놓인 그림을 조용히 바라보는 순간을 상상해 봅니다. 어쩌면 그 그림은 당신의 어린 시절을 떠올리게 할 수도 있고, 아직 오지 않은 미래의 어느 날을 예감하게 할지도 모릅니다.

이 책은 운명을 결정하는 책이 아닙니다. 오히려 운명을 해석하고, 감각하고, 자신만의 문장으로 다시 써 내려가기를 권유하는 책입니다.

우리는 모두 하나의 일주를 지니고 태어났습니다. 그것은 생의 시작점이자, 자기 이해의 출발선입니다.

그리고 그림은, 그 일주를 조금 더 아름답게 바라보게 해 주는 창입니다.

부디 이 책이 당신에게 작은 위로이자, 거울이 되기를 바랍니다. 그리고 당신 삶의 문장을, 당신만의 언어로 계속 써 내려가기를 진심으로 응원합니다.

윤오 조경숙 드림

부록

1. 일주(日柱) 찾는 방법

사주팔자(四柱八字)는 태어난 년·월·일·시 네 가지 기둥으로 이루어집니다.
그 가운데 일(日)의 간지(干支), 즉 태어난 날짜의 기운을 '일주(日柱)'라고 합니다.

① 생년월일·시간 확인
양력 또는 음력 기준으로, 출생 시간까지 알아 두면 더 정확합니다.

② 만세력 활용
만세력은 날짜별 천간(10)과 지지(12)의 조합을 기록한 역서입니다.
책·앱·웹사이트에서 손쉽게 확인할 수 있습니다.

③ 태어난 날의 간지 확인
예: 2025년 8월 23일생 → 만세력에서 이날은 '갑자(甲子)'일 → 갑자일주

④ 본문에서 해당 일주 읽기
책에서 자신의 일주와 연결된 명화 해설을 찾아보면,
"나만의 기질 초상화"를 만나는 경험이 될 것입니다.

* TIP
검색창에 '만세력'을 입력하면 무료로 일주를 확인할 수 있는 사이트와 앱이 많습니다.

2. 알아 두면 좋은 기본 용어

- **사주(四柱)**

태어난 연·월·일·시를 네 기둥으로 나타낸 것. 각 기둥은 천간과 지지로 이루어져 여덟 글자가 되므로 사주팔자라고 합니다.

→ "인간 삶을 기록한 시간의 지도"

- **만세력(萬歲曆)**

천간·지지·절기·음양력이 기록된 역서. 출생 시각을 간지로 변환해 사주를 산출하는 기본 도구입니다.

→ "시간의 나침반"

- **10천간(天干)**

하늘의 10가지 기운: 갑·을·병·정·무·기·경·신·임·계.

→ "하늘의 10가지 색채"

- **12지지(地支)**

땅의 12가지 기운: 자·축·인·묘·진·사·오·미·신·유·술·해.

→ "땅의 12계절"

- **60일주(六十日柱)**

천간 10개와 지지 12개의 조합으로 생긴 60가지 기운.

사람마다 태어난 날에 해당하는 일주가 있으며, 이는 개인의 기질을 가장 잘 드러냅니다.